LINSPIRADO

La historia de
JEREMY LIN y su salto
del anonimato a la relevancia

por MIKE YORKEY

La misión de Editorial Vida es ser la compañía líder en comunicación cristiana que satisfaga las necesidades de las personas, con recursos cuyo contenido glorifique al Señor Jesucristo y promueva principios bíblicos.

LINSPIRADO
Edición en español publicada por
Editorial Vida – 2012
Miami, Florida

© 2012 por Mike Yorkey

Originally published in the U.S.A. under the title:
Linspired
Copyright ©2012 by Mike Yorkey
Published by permission of Zondervan, Grand Rapids, Michigan 49530

Traducción: *Silvia Himitian*
Edición: *Pablo Griffioen*
Diseño interior: *Grupo Nivel Uno, Inc.*

Porciones de *Linspirado* aparecieron anteriormente en *Playing with Purpose: Inside the lives and Faith of Top NBA Stars* por Mike Yorkey y han sido usadas con permiso. *Linspirado* se basa en investigaciones y entrevistas de Jeremy Lin pero él no las ha autorizado.

ISBN: 978-0-8297-6312-6

CATEGORÍA: BIOGRAFÍA Y AUTOBIOGRAFÍA

IMPRESO EN ESTADOS UNIDOS DE AMÉRICA
PRINTED IN UNITED STATES OF AMERICA

12 13 14 15 16 ❖ 6 5 4 3 2 1

CONTENIDOS

Introducción | 7

1 Perseguir el sueño americano | 13

2 ¿Cómo fue creciendo el milagro? | 25

3 Se levanta el telón del Show de Jeremy Lin | 37

4 Ni reclutado ni deseado | 51

5 Paro forzoso | 71

6 Milagro cerca de la calle 34 | 83

7 Liderazgo en cada una de sus características | 99

8 Lecciones de un pionero asiático-americano | 113

9 Linsanity y Tebowmanía | 131

10 Un pedido de oración de Jeremy y a favor de Jeremy | 141

Sobre el autor | 151

Notas | 153

INTRODUCCIÓN

La Asociación Nacional de Basquetbol lo ha llamado «Lincreíble», un bálsamo de «Linimento», y el arquitecto de la «Lin*sanity*»*. Es el atleta del que más se habla sobre el planeta en este momento.

Nos referimos, por supuesto, a Jeremy Lin, el base asiático-americano de veintitrés años de los New York Knicks, que siendo alguien anónimo saltó al estrellato (y hasta alcanzó el status de ícono popular) con mayor rapidez que un pase de salida a partir de un rebote limpio.

A principios de febrero de 2012, Jeremy era el último hombre en salir del banco de los Knicks durante los minutos finales de juego; en el día de San Valentín, la tapa de *Sports Illustrated* mostró su lanzamiento a través de cinco jugadores de Los Angeles Lakers; los expertos en basquetbol de ESPN SportsCenter se quedaron sin superlativos para poder describirlo; y su camiseta de los Knicks con el número 17 estuvo al tope de las ventas de la NBA —revelando ciertos puntos de contacto en cuanto al estrellato que récordaban a otro atleta profesional que recientemente había atraído el interés público, un mariscal de campo de nombre Tim Tebow.

Consideremos esto: una versión profesional de la Tebow*manía* predominaba en las conversaciones a través de la nación en los meses finales del otoño y comienzos del invierno en 2011, y continuó durante las eliminatorias de la Liga Nacional de Fútbol Americano. *Todos* hablaban de

---

* **Nota:** Adjetivo usado por los medios para describir el surgimiento de Jeremy Lin.

su pase cruzado a Demaryius Thomas en el tiempo suplementario del primer juego y de su asombrosa carrera hacia la zona de anotación. Asesinó a los poderosos Pittsburgh Steelers, y la leyenda de Tim Tebow creció aún más.

Y luego, escasamente un mes después, Jeremy Lin dio un salto y se metió en la sala de nuestras casas. En apenas una corta semana —con tan solo un puñado de partidos dentro de una temporada ya consolidada y acortada por el cierre— Jeremy pasó de ser un anónimo calientabancos a verse aclamado por la Gran Manzana como anotador y armador principal de los Knicks, y su líder espiritual.

Al oeste del río Hudson, cautivó nuestra atención dentro de un universo mediático fragmentado y tuvo una presencia arrasadora en las redes sociales de todo el mundo las veinticuatro horas de los siete días de la semana. Resulta impresionante considerar la forma en que la telefonía inteligente, las computadoras portátiles y los ordenadores convergieron para crear un maremoto de mensajes en Twitter, comentarios y chateos online acerca del giro que lo llevó a convertirse instantáneamente de última opción para su equipo en un fenómeno.

La razón por la que Jeremy alcanzó una difusión que se ha extendido como un virus, es simple: a todo el mundo le encantan las historias sobre los menos favorecidos, y la trayectoria altamente improbable realizada por él cuenta con todos estos ingredientes necesarios para armar una de esas historias fantásticas de Hollywood:

Es un asiático-americano pionero dentro de la NBA.

Se graduó en Harvard.

Fue cortado por dos equipos y estuvo sentado en la banca la mayor parte del tiempo en la ciudad de Nueva York.

Hasta el hecho de haber dormido en un sofá en casa de su hermano en la parte baja del Lado Este de Manhattan forma parte de la historia. La gente se habrá imaginado al pobre tipo acostándose en la sala de Josh debido a que no había lugar para él en el mesón.

Yo (Mike Yorkey) miraba con gran interés el desarrollo de todo esto, dado que había estado siguiendo la trayectoria de Jeremy Lin durante más de un año. Lo había entrevistado dos veces luego de terminada su temporada como novato con los Golden State Warriors y me cautivó la manera en que este hijo de inmigrantes taiwaneses superaba los preconceptos acerca de quién podía jugar al básquet y quién no dentro de los niveles de juego superiores. También me impresionó su madurez juiciosa y equilibrada y su disposición a hablar sobre lo que significaba para él su fe en Cristo.

Incluí estos pensamientos en un libro titulado *Playing with Purpose: Inside the Lives and Faith of Top NBA Stars* [Jugar con propósito: Dentro de la vida y fe de las grandes estrellas de la NBA], que se publicó en novimebre de 2011. Elegimos colocar la fotografía de Jeremy en la cubierta (junto con el doble campeón de anotaciones de la NBA, Kevin Durant, y el as de los lanzamientos triples, Kyle Korver) debido a sus «ventajas», como les gusta decir en las charlas deportivas. Francamente, sin embargo, se asumía un riesgo con Jeremy. Nadie podía presagiar su futuro. El jurado todavía no sabía si le iba a permitir quedarse en la NBA.

Jeremy no impresionó mucho durante su temporada de inicio con los Golden State Warriors. Para los Reno Bighorns, equipo de un club de la Liga D, jugó casi la misma cantidad de partidos (veinte) que los que jugó para los Warrior (veintinueve). Mientras formó parte de este, su club de origen, permaneció sentado en el banco bastante tiempo. Muchas noches el acrónimo NJ (No jugó) aparecía junto a su nombre en la planilla. Al entrar en acción hacía apariciones promedio de 9.8 minutos, y marcaba tan solo 2.6 puntos por juego para un equipo sub-.500 que no logró superar las eliminatorias.

Nadie andaba diciendo que Jeremy fuera a ser el próximo Jerry West, pero a mí no me importaba. El hecho de que Jeremy hubiera logrado entrar en una lista de la NBA resultaba digno de mención por varias razones:

1. Con 1.92 metros de altura, no se lo podía considerar alto dentro de un juego dominado por atletas monumentales que habrían podido jugar en el equipo de Goliat en su tiempo.
2. Provenía de una escuela de la Liga Ivy, de la Universidad de Harvard, que había logrado enviar un jugador a la NBA por última vez en 1953 (un año antes de que la liga reglamentara los lanzamientos dentro de los 24 segundos).
3. Era el primer jugador descendiente de chinos taiwaneses nacido en los Estados Unidos que jugaba en la NBA.

La singularidad de su historia (su trasfondo racial, sus antecedentes dentro de la Liga Ivy, y su estatus de no haber sido reclutado) eran razones concluyentes como para incluir a Jeremy en un libro sobre jugadores cristianos de la NBA, pero en realidad se trataba de explicaciones superficiales. Lo que más me interesaba de Jeremy, luego de haber conversado con él, era su profundo reservorio de fe, y su compromiso de considerarse primeramente como un cristiano y en segundo lugar como un jugador de básquet. Veía ante mí a un joven amable, humilde y trabajador que comprendía que Dios tenía un propósito para su vida, cualquiera que este fuese. Se encontraba en medio de una trayectoria inverosímil y salvaje, con un balón de básquet entre las manos, pero ¿quién podría decir en qué dirección rebotaría esa pelota?

«¿Qué clase de planes piensas que Dios tiene para ti en este momento?», le pregunté a Jeremy, luego de su temporada como principiante a fines de la primavera de 2011.

«No sé con exactitud cómo va a salir todo», me respondió, «pero tengo la certeza que Dios me ha llamado a estar aquí ahora, en la NBA. Y esa es la tarea que me ha asignado. Sé que no estaría aquí si no fuera ese el caso. Solo con mirar atrás, entiendo que ha sido un tremendo milagro [el llegar a la NBA]. Puedo ver las huellas digitales de Dios por todos lados. Lo único que sé es que aquí es donde él quiere que esté en este momento. Durante el año que pasó, sin embargo, he atravesado por una cantidad de diferentes luchas y he aprendido las cosas que él deseaba que aprendiera, para acercarme a su persona y hacerme más humilde y dependiente de él».

Cuando articuló esas palabras, nadie sabía acerca de la alucinante odisea que lo esperaba en 2012. Ya llegaremos a eso, pero primero necesitamos conocer un poco acerca de su sorprendente historia pasada: cuál es la procedencia de Jeremy, cómo fue criado, y de qué manera ese candidato no promocionado y apenas tenido en cuenta superó increíbles obstáculos para jugar en la NBA.

Capítulo 1

PERSEGUIR EL SUEÑO AMERICANO

Habría muchos puntos de inicio para contar la historia de Jeremy, pero un buen comienzo es pintando un cuadro de la China de fines de 1940, cuando la guerra civil hacía jirones al país más populoso del mundo. Las fuerzas chinas nacionalistas, lideradas por el general Chiang Kai-shek, combatieron contra el Ejercito de Liberación del Pueblo, conducido por Mao Tse-tung, líder del Partido Comunista, por el control de China, que en ese entonces constituía una sociedad feudal en la que una pequeña clase de elite vivía bien y cientos de millones apenas lograban sobrevivir. En 1949, luego de tres años de un conflicto sangriento, las fuerzas comunistas ganaron, y Chiang Kai-shek y aproximadamente dos millones de chinos nacionalistas huyeron hacia la isla de Taiwan, fuera de las costas de la China continental, para salvar sus vidas.

Entre esos refugiados estaban los abuelos maternos de Jeremy. Su madre, Shirley (en realidad «Shirley» constituye una versión anglicanizada de su nombre chino), fue traída al mundo por una mujer que fue una de las primeras médicas prominentes de Taiwan. En una ocasión, durante la década de 1970, un contingente de médicos norteamericanos visitó Taiwan para investigar sobre los avances que los doctores taiwaneses estaban realizando en cuanto al cuidado de la salud. El contacto establecido entre la madre de Shirley y aquellas personas pertenecientes a la comunidad médica norteamericana plantó la primera semilla en lo referido a inmigrar a los Estados Unidos, lugar en que la familia podría procurarse una mejor vida. En 1978, precisamente cuando Shirley se graduaba de la escuela secundaria en Taiwan, ella y su familia se mudaron a los Estados Unidos.

Shirley se esforzó mucho en aprender inglés y luego se matriculó en la Universidad Old Dominion, una institución de Norfolk, Virginia. Su asignatura principal era ciencias de la computación, disciplina que parecía tener un futuro brillante. Muchos pensaron que la revolución informática iba a explotar en la década de 1980. Un invento moderno llamado PC, o computadora personal, comenzaba a abrirse camino dentro de los hogares norteamericanos.

No había demasiados asiáticos (ni una segunda generación de asiáticos americanos, que para el caso es lo mismo) en Old Dominion, y aquellos que hablaban el mandarín podían contarse con los dedos de las dos manos. La docena, aproximadamente, de estudiantes de habla china formaron un pequeño grupo de apoyo a los asiáticos con el fin de desarrollar actividades de diversión y camaradería, y uno de aquellos que se unieron al grupo era un alumno graduado en Taiwan, un joven atractivo, de nombre Gie-Ming Lin, que había llegado a los Estados Unidos para trabajar en su doctorado en ingeniería informática. Sus ancestros habían vivido en Taiwan desde el siglo diecinueve, mucho antes de que comenzara la opresión comunista en el territorio continental (hacia fines de la década de 1940 y principios de la de 1950).

El compartir un mismo trasfondo cultural y un idioma común acercó a Gie-Ming y Shirley, los que comenzaron a salir juntos. No pasó mucho antes de que floreciera su amor. Cuando Gie-Ming le dijo a ella que tenía el plan de terminar su doctorado en la Universidad Purdue, en West Lafayette, Indiana, decidieron mudarse juntos a Purdue, lugar en el que Shirley continuaría con sus clases universitarias en ciencias de la computación, en tanto que Gie-Ming trabajaría en su doctorado.

No nos hagamos la idea de que estos dos estudiantes extranjeros tuvieran demasiado tiempo como para andar entreteniéndose con una taza de café en la asociación de estudiantes, o de asistir a un concierto en el Elliott Hall of Music, o de andar deslizándose cuesta abajo en el monte Slyter Hill luego de la primera nevada del invierno. Los padres de Gie-Ming y de Shirley no contaban con los recursos económicos como para contribuir a su educación, así que ambos tenían que trabajar para pagar sus propias colegiaturas y sus gastos de manutención. Shirley aceptó diversos turnos como mesera en una cantina, en tanto que Gie-Ming se desvelaba trabajando en horarios nocturnos en su campo elegido: la ingeniería informática.

Mientras estaba en Purdue, Shirley, por primera vez, escuchó la presentación del evangelio cuando la introdujeron a un grupo cristiano de camaradería. Con curiosidad por saber quién era Jesús, comenzó a explorar y aprender sobre el Señor del universo y la forma en que había venido a esta tierra para morir por sus pecados. Se enamoró de Jesús y recibió la salvación. Cuando le contó a Gie-Ming lo que había hecho, él también comenzó a investigar acerca del evangelio y rápidamente se convirtió al cristianismo. Muy pronto entraron en contacto con una iglesia de habla china y comenzaron a caminar con Cristo.

Gie-Ming y Shirley se casaron mientras aún estaban en la universidad. A ellos les gustaba vivir en los Estados Unidos y fueron dos más entre los muchos millones de inmigrantes que perseguían el sueño americano.

Ciertamente no los asustaba trabajar duro ni vivir frugalmente. Al poco tiempo, Gie-Ming y Shirley comenzaron a ir de pesca los fines de semana a una represa cercana. Más allá del dique había un lago en el que abundaban las mojarras de agallas azules, los sábalos, las grandes percas y otros peces. A Gie-Ming le encantaba pescar y era muy bueno en ello. Entonces, pescaba hasta el límite permitido y se llevaba a casa el botín en un balde galvanizado. Comían algo del pescado esa noche y colocaban el resto en el congelador.

Y así era que esa joven pareja se alimentaba toda la semana con el pescado que Gie-Ming había atrapado durante el fin de semana.

Una noche, mientras Gie-Ming intentaba relajarse un poco mirando televisión, pasaba de un canal a otro cuando se encontró con un partido de basquetbol. Los Angeles Lakers se enfrentaban con los Boston Celtics en una de las grandes batallas que se producían en las finales de la NBA. Y el ver a Larry Bird y a Magic Johnson realizar cosas maravillosas sobre la cancha del Boston Garden fascinó a Gie-Ming. Quedó enamorado de aquellas figuras atléticas, más grandes de las que se veían en la vida real, que hacían que la cancha de básquet pareciera pequeña. Gie-Ming comenzó a mirar el básquet de la NBA cada vez que podía, lo que no era muy frecuente, dado que sus estudios y su trabajo de jornada parcial le absorbían la mayor parte del tiempo.

¡Pero, esperen! ¿No estaba llegando una nueva tecnología a los hogares en ese entonces? Sí. Se la conocía como la grabadora VHS, y ese dispositivo de aquel entonces podía grabar emisiones de televisión en casetes de cinta magnética. De pronto, las imágenes y el sonido de los programas de televisión y eventos deportivos se podían volver a pasar en algún horario más conveniente, y repetirlos una y otra vez para disfrute del espectador. El advenimiento de las cintas VHS durante la década de 1980 revolucionó la manera en que Gie-Ming (y millones de norteamericanos) miraban televisión.

Gie-Ming comenzó a grabar los juegos de la NBA. Le encantaba ver el gancho desde el cielo (skyhook) de Kareem Abdul-Jabbar, aquellas volcadas por encima del aro, que desafiaban la gravedad, del Dr. J (Julius Erving), y a Magic llevando a cabo escapes rápidos y manejando el balón como si lo tuviera atado con una cuerda. No pasó mucho antes de que Gie-Ming se convirtiera en un auténtico adicto al basquetbol. Analizaba las cintas con el mismo fervor que mostraba al estudiar para su doctorado. No lograba encontrar razones claras para explicarles a sus amigos *por qué* amaba tanto el básquet, pero lo amaba.

Gie-Ming comenzó lentamente a practicar un poco de su amado deporte. Aprendió por sí mismo a driblar y a lanzar, y también practicaba lanzamientos en salto uno tras otro en un campo de juego cercano. Era demasiado tímido como para unirse a una liga de basquetbol, pero podía persuadírselo a que jugara un partido amistoso ocasionalmente. Le encantaba sudar en la cancha de básquet, y la práctica de ese deporte se convirtió en su estilo de ejercicio favorito.

Luego de que Gie-Ming y Shirley completaron su escolaridad en Purdue, se mudaron a Los Angeles, donde

Gie-Ming trabajó para una compañía que diseñaba micro-chips. Shirley se pasó al carril de la maternidad y dio a luz a su primer hijo, al que llamaron Joshua. Dos años después, el 23 de agosto de 1988, diez años después del día en que Kobe Bryant llegara al mundo en Filadelfia, nacía Jeremy Shu-How Lin.

Una movida hacia el oeste

Una oferta de trabajo transfirió a la familia Lin a la Florida durante dos años, pero luego Silicon Valley atrajo a los padres de Jeremy, Gie-Ming y Shirley, hacia California del Norte, a principios de la década de 1990. Gie-Ming se volvió experto en diseño de chips para computadoras, en tanto que Shirley (que había dado a luz a Joseph, su tercer hijo) regresó al trabajo dentro de su especialidad: control de calidad, lo que significaba asegurarse de que los nuevos programas de computación estuvieran libres de errores cuando salían a la venta.

Los Lin se establecieron en Palo Alto, una comunidad de sesenta mil residentes que lindaba con la Universidad de Stanford. Gie-Ming, que deseaba introducir a sus tres hijos a la práctica de su deporte favorito, el básquet, se asoció a una sede local de YMCA (Asociación Cristiana de Jóvenes) a través de una membresía familiar. (Pueden estar seguros de que James Naismith debe haberse sentido complacido). Cuando Joshua, el primogénito, cumplió cinco años, Gie-Ming lo introdujo a las cuestiones fundamentales del bás-quet, utilizando los ejercicios de pase, drible y lanzamiento que él mismo había aprendido a través de sus grabaciones VHS. Así mismo Jeremy recibió la misma instrucción cuan-do comenzó el jardín de infantes, y también sería así con Joseph cuando alcanzara esa edad.

Cuando Jeremy entró a primer grado, sus padres lo anotaron en una liga de basquetbol infantil. Pero a esa temprana edad, Jeremy no estaba demasiado interesado en la acción que se desarrollaba en torno a él. Era como aquellos muchachitos que juegan T-ball y se recuestan en el pasto al costado del campo de juego para mirar las nubes pasar, en lugar de enfocarse en lo que el siguiente bateador está por hacer. La mayor parte del tiempo Jeremy se quedaba parado en mitad del campo de juego, chupándose el pulgar, mientras el balón iba y venía por el campo de juego. Dado que no se lograba que Jeremy hiciera un mejor intento, su madre dejó de asistir a sus partidos.

A medida que fue madurando, desarrolló mayor interés por el basquetbol, especialmente luego de crecer lo suficiente como para realizar un lanzamiento eficiente al aro y ver que la pelota entraba silbando a través de la red. Cuando comenzó a lograr que disparo tras disparo atravesaran el aro, se enganchó. Le pidió a su madre que volviera a verlo jugar, pero ella quería saber si él realmente iba a intentar hacerlo mejor, antes de comprometerse a regresar a presenciar sus juegos.

Jeremy le prometió: «Solo mira. Voy a jugar y voy a marcar tantos».

Y en verdad los marcó. En algunas ocasiones Jeremy marcaba la cantidad máxima de puntos que se le permitía a un jugador bajo las reglas de Biddy Basketball (una liga de básquet para menores de 12 años).

Durante el resto de los años de escuela primaria de Jeremy, sus padres los llevaban tanto a él como a sus hermanos al gimnasio para realizar sus prácticas y también a jugar partidos informales. Además lo inscribieron en fútbol infantil, pero el básquet era el deporte que él deseaba practicar.

Cuando las demandas de la escuela aumentaron, Jeremy y sus hermanos cumplían con sus tareas escolares al regresar de la escuela, esperaban que su padre llegara a casa para la cena, y entonces todos se dirigían al campo de juego, a las ocho en punto; y durante noventa minutos practicaban lanzamientos y jugaban partidos informales. Gie-Ming continuaba enfatizando los puntos fundamentales porque deseaba que los movimientos básicos del juego se convirtieran en una segunda naturaleza para Jeremy.

A medida que Jeremy iba mejorando, parecían nunca bastarle los disparos que realizaba al aro. Muchas de las noches él y su familia practicaban y jugaban justo hasta el momento en que se cerraban las puertas de la sede familiar de la Asociación Cristiana de Jóvenes de Palo Alto: las 9:45 p.m.

Aunque el básquet les resultaba a los Lin un deporte familiar entretenido, no iban a sacrificar el estudio académico o la iglesia sobre el altar del basquetbol. El estudio académico era importante para Gie-Ming y Shirley porque sabían de primera mano que la educación les había brindado una mejor vida. La iglesia era aún más importante porque comprendían lo que la relación con Cristo significaba para ellos y para el bienestar espiritual de sus hijos.

Dondequiera que vivieran, los Lins gravitaban en torno a una iglesia cristiana china. Cuando se mudaron a Palo Alto, inmediatamente encontraron una iglesia que les gustó: la Iglesia China en Cristo, en la cercana Mountain View. Ese lugar de adoración era en realidad dos iglesias en una. Todos los domingos a la mañana había servicios (en mandarín y en inglés) en salones comunitarios separados. Eran bastantes los que asistían a los servicios en idioma mandarín, en tanto que muy pocas personas concurrían a los servicios de adoración llevados a cabo en inglés. El ministerio de habla inglesa en el que se involucró la familia Lin se conocía como Redeemer Bible Fellowship [Fraternidad Bíblica el Redentor].

La fuerte demanda de un servicio de la iglesia en mandarín reflejaba la demografía del área de la Bahía de San Francisco, lugar de residencia de la mayor concentración de asiáticos-americanos del país. En un momento, el censo de los Estados Unidos reveló que el veintisiete por ciento de los habitantes de Palo Alto eran asiático-americanos, y se identificaban racialmente como chino-americanos, filipino-americanos, coreano-americanos, japoneses-americanos o vietnamitas-americanos. Existía una gran comunidad taiwanesa-americana en la cercana ciudad de Cupertino (veinticuatro por ciento de la población), en tanto que otras ciudades tales como Millbrae, Foster City, Piedmont y Albany contaban con poblaciones asiáticas que ascendían al diez por ciento o más.

Stephen Chen, pastor de la iglesia Chinese Church in Christ's Redeemer Bible Fellowship, récordó la primera vez que se había encontrado con Jeremy, algo más de diez años antes, época en que Chen era consejero de jóvenes y tenía veintitrés años. «Jeremy tenía alrededor de trece años cuando lo conocí», dijo. «Estábamos llevando a cabo un día de limpieza en la iglesia y él andaba correteando alrededor con sus amigos y comportándose en forma revoltosa. Recuerdo que le llamé la atención y le dije: "Oye, intentamos limpiar por aquí y tú vuelves las cosas más complicadas"».

Sintiéndose regañado, Jeremy se fue a su casa y les dijo a sus padres que no quería volver más a esa iglesia porque el tipo aquel de los jóvenes había sido muy malo con él. Sin embargo, sus padres no se pusieron de su lado, y el incidente pronto cayó en el olvido.

Stephen Chen, que siempre andaba en procura de cosas que hacer con los jóvenes de la iglesia, descubrió que Jeremy y su hermano mayor, Josh, erán ávidos jugadores de básquet. Josh estaba comenzando a jugar basquetbol en la escuela secundaria, y Jeremy vivía y respiraba a través de ese juego en la escuela media.

«Yo nunca había jugado al básquet antes de esa época», dijo Stephen. «Pero deseaba conectarme con los hermanos Lin, así que les pedí que hiciéramos un intercambio: yo les enseñaría la Biblia y ellos me enseñarían a jugar al básquet».

Josh y Jeremy aceptaron inmediatamente. Luego de que acababa la reunión del grupo de jóvenes iban a una cancha de básquet cercana, donde los hermanos Lin le enseñaban a Stephen cómo penetrar en bandeja, lanzar apropiadamente el balón, y bloquear en los rebotes. Luego hacían que concurriera todo el grupo de jóvenes, elegían dos bandos y jugaban partidos de básquet.

«Jeremy me pasaba el balón, aun cuando el partido estuviera en riesgo», señaló Stephen. «No tenía miedo de que yo los llevara a perder el juego. Si lo perdíamos, su hermano mayor se molestaba, pero Jeremy hasta consolaba a su hermano. Aun a esa temprana edad, Jeremy era acogedor, y se mostraba deseoso de llevarse bien con los diferentes tipos de personas. También era un líder natural, y los muchachos lo escuchaban».

Antes de entrar a la escuela secundaria, Jeremy quiso ser bautizado como declaración pública de que creía en Jesucristo como su Salvador y Señor. Stephen se sintió complacido al conocer ese deseo. La Iglesia China en Cristo tenía un bautisterio dentro del santuario de la iglesia, y Jeremy fue introducido en el agua durante un servicio del domingo a la mañana. No mucho después, Stephen le pidió que se uniera al equipo de liderazgo del ministerio juvenil.

Jeremy estaba dispuesto. La iglesia había estado alquilando el gimnasio de una escuela secundaria local los domingos a la tarde para que los chicos del grupo de jóvenes pudieran jugar al basquetbol y también invitar a sus amigos a unírseles. «Jeremy siempre era aquel que les pedía a los otros muchachos que vinieran y jugaran al básquet con nosotros», mencionó Stephen. «Y venían. Jeremy deseaba que todos se sintieran como en casa. Esa era solo una de las maneras en que solía mostrar amabilidad hacia los demás».

El gimnasio tenía dos canchas completas más allá de la cancha principal. Muchos padres veían lo mucho que se divertían sus hijos y ellos querían jugar también; los padres lo hacían en una cancha y los hijos en otra. Las madres charlaban entre ellas durante los partidos.

Toda esa práctica de basquetbol (después de la escuela, los fines de semana, y los domingos por la noche) le ayudó a Jeremy a convertirse en un muy buen jugador, aunque era un enano en la cancha. Al entrar a su primer año de escuela secundaria, Jeremy medía 1,60 m y pesaba 56,5 kg. Jeremy había puesto la mira en jugar básquet en la escuela secundaria, pero sabía que si no crecía bastante durante los siguientes dos años, no tendría chance de jugar, sin que importara lo talentoso que fuese.

Un día Jeremy le dijo a Stephen: «Quiero al menos medir 1,82 m de estatura».

Stephen miró a Jeremy. Sabía que a los asiáticos se los ha estereotipado como gente de baja estatura, y había algo de verdad en ello. La altura promedio de los varones en los Estados Unidos es de 1,78 m, en tanto que en China la altura promedio de los varones es de 1.70 m Desafortunadamente para Jeremy, sus padres tampoco eran altos. Ambos rondaban una altura de 1,67 m, así que no tenía un fondo genético que obrara a su favor.

«¿Así que vas a llegar a 1,82 m de estatura?», le preguntó Stephen.

«Voy a beber leche todos los días», le respondió el joven Jeremy.

Durante los siguientes años, Shirley debió ir constantemente al supermercado local para comprar gran cantidad de leche. Jeremy bebía ese producto lácteo como si fuera agua. Tomaba un vaso de leche con sus cereales en el desayuno, bebía leche en el almuerzo y siempre se servía un par de vasos de leche más con la cena. También engullía suplementos de calcio como si fueran caramelos.

«Bebía esa cantidad de leche porque estaba obsesionado por mi estatura», señaló Jeremy. «Cada día, al despertar por la mañana, me medía, porque había escuchado que uno siempre es más alto por la mañana; al menos cuando se está creciendo. Deseaba constatar si es que había crecido durante la noche».

El mayor deseo de Jeremy era ser más alto que Josh, su hermano mayor, que se encontraba en medio de una racha de crecimiento que lo llevaría a 1,78 m de estatura durante la escuela secundaria. Desesperado por el deseo de que su cuerpo ganara en estatura, Jeremy hasta se subía a las barras y trepadoras que había en la escuela y se quedaba colgando cabeza abajo, creyendo que al hacerlo podría estirar su columna vertebral y volverse más alto.

Jeremy comprendía que no podría «obligar» a su cuerpo a crecer, pero también creía que para ser competitivo en el juego del basquetbol, tenía que crecer al menos hasta llegar a una estatura de 1,82 m.

Y eso era un imperativo en cuanto a la altura.

¿CÓMO FUE CRECIENDO EL MILAGRO?

Cuando Jeremy fue promovido a la escuela secundaria Palo Alto, causó una muy buena impresión en el entrenador de básquet de los novatos, aunque era uno de los jugadores de menor tamaño en el equipo. Los años de juego en las ligas juveniles de basquetbol de la Asociación Cristiana de Jóvenes habían perfeccionado sus habilidades. El entrenador de los novatos se puso de pie en el banquete de fin de temporada del equipo y declaró: «Jeremy tiene un conjunto de habilidades que supera a las de cualquier jugador de su edad que yo haya conocido»[1].

Y luego sucedió algo milagroso.

Jeremy creció.

Y creció.

Y creció.

Y en el penúltimo año ya había aumentado en *22 cm* su estatura, con lo cual alcanzó el número mágico de 1,82 m. Sin embargo, todavía era delgaducho como el tallo de una planta de frijoles, y pesaba alrededor de 68 kg. La buena noticia era que su período de crecimiento no había concluido. Continuaría hasta lograr 5 cm más de estatura durante su último año de escuela secundaria, y así llegar a casi 1,88 m Jeremy experimentó un desarrollo físico tardío. Aumentó otros 3 ó 4 cm durante sus años de universidad, alcanzando su altura presente: 1,91 m. También aumentó su masa muscular porque se entrenó esforzadamente en la sala de pesas del gimnasio. Su cuerpo alcanzó un peso sólido de 90,8 kg.

No siendo ya el más bajo de los jugadores de la cancha, Jeremy les demostró a sus entrenadores y a los oponentes de la escuela secundaria de Palo Alto que podía llevar adelante la ofensiva, lanzar disparos eficaces al aro, y hacer que el jugador al que marcaba tuviera que esforzarse mucho en sobrepasarlo. Su posición era la de base, que bien podría considerarse el rol más especializado dentro del basquetbol. Se espera que el base conduzca la ofensiva del equipo de la mitad de la cancha hacia adelante, que lidere el contraataque, que haga el pase correcto en el momento oportuno, que trabaje el bloqueo y desmarque, y que penetre la defensa, creando un espacio libre para los compañeros de equipo cuando él sufre un marcaje doble.

Cuando Jeremy avanzaba en el campo con el balón, cumplía con su rol de estratega y analizaba a la defensa para determinar tanto sus vulnerabilidades como sus capacidades. El cerebro de Jeremy determinaba rápidamente de qué manera estaba plantada la defensa y cuáles eran sus puntos débiles. Su rapidez y movilidad resultaban grandes ventajas.

Su padre, siempre adelantándose a la curva tecnológica, había filmado a Jeremy desde sus días de escuela media. Desglosaba lo que aparecía en la filmación, y luego padre e hijo revisaban lo sucedido durante los partidos. Siempre había algo que desmenuzar en esas grabaciones.

Durante la temporada de su segundo año Jeremy no solo fue lo suficientemente bueno como para ganarse desde el comienzo el rol de base, sino que su fantástico juego también lo llevó a la obtención del primero de los tres premios que lograron como mejor equipo de la Liga Atlética de All-Santa Clara Valley. Su penúltimo año fue aún mejor. Jeremy era la fuerza conductora detrás de los Vikings de Palo Alto, y el que ayudó al equipo a establecer un récord de victorias para la escuela, fijando ese récord en treinta y dos victorias y dos derrotas.

Su entrenador, Peter Diepenbrock, reconocía que había algo especial en él y le dio rienda suelta. Se sentó a conversar con el jugador y le dijo: «Pongámoslo así. Yo soy el coordinador defensivo; tú eres el coordinador ofensivo. Simplemente hagámoslo de esa manera»[2].

Hacer las cosas lindas y fáciles

Jeremy llevaba sin temor el balón hacia adelante en la cancha cuando jugaba para el equipo de básquet de la escuela secundaria de Palo Alto. Pero se mostró más cauto en las rutas cuando le tomaron el examen para darle la licencia de conductor.

Reprobó la primera vez por conducir demasiado lento: a 25 km por hora en una zona residencial en la que se debía ir a 40 km.

Y eso fue precisamente lo que hizo Jeremy durante su último año cuando se convirtió en el motor que impulsó a su equipo a 2ª División en el campeonato que se jugaba en el estado de California. Al encarar el partido por el campeonato, Palo Alto se encontraba en una situación de absoluta desventaja ante el perenne grupo de jugadores fuertes de Mater Dei, una escuela secundaria católica de Santa Ana, en el sur de California. Ningún equipo había ganado más títulos estatales en basquetbol que el de la escuela Mater Dei. Y los Monarchs (que así se llamaban), tenían un récord de 32 y 2, y enfrentaban ese partido siendo considerados como uno de los mejores equipos de escuela secundaria de la nación.

Establezcamos entre ellos un paralelo con David y Goliat. Mater Dei estaba lleno de muchachos reclutados en la 1ª División y tenía ocho jugadores de más de 2 m de estatura, en tanto que Palo Alto no tenía ninguno que sobrepasara los 1,98 m. Jugando en el Arco Arena, cuna de los Sacramento Kings, se vio a Jeremy en toda la cancha, y él personalmente condujo al pequeño pero corajudo equipo de Palo Alto, hasta llevarlo a aventajar a su contrincante por dos puntos cuando apenas faltaban dos minutos de juego. ¿Podrían sostenerse los Vikings?

Jeremy lideró la ofensiva tratando de consumir todo el tiempo posible. Apenas les quedaban unos segundos en el cronómetro de lanzamiento de 35 segundos. Jeremy estaba parado al borde de «la llave» cuando lanzó hacia el aro para ganarle a la chicharra del cronómetro de lanzamientos. El balón ingresó, dándole a Palo Alto una ventaja de cinco puntos.

Mater Dei no estaba acabado todavía, y tampoco Jeremy. Los Monarchs acortaron la ventaja a dos puntos cuando quedaba un tiempo restante de 30 segundos, y entonces Jeremy dribló el balón y se dirigió hacia el frente. Mater Dei no deseaba cometer una falta porque los Monarchs sabían que él era un excelente lanzador de tiros libres, así que esperaron que le hiciera el pase a algún compañero. Sin embargo, Jeremy percibió un espacio libre y se lanzó hacia el aro como un relámpago, enfrentándose a Taylor King, el jugador estrella de Mater Dei (de 2,03 m de altura) en la zona pintada. Jeremy encestó, entrando en bandeja por sobre King, lo que le dio a él un total de 17 puntos en ese partido, y congeló el resultado del campeonato estatal en una victoria por 51 a 47.

Uno pensaría que con la cantidad de asistentes de reclutadores universitarios que había en las gradas para presenciar aquel partido por el campeonato estatal, Jeremy tendría que haber entrado en el Programa Federal de Protección a Testigos para salir del atolladero. Pero el interés en los reclutamientos había sido decepcionante durante toda la temporada y se mantuvo así luego de la victoria sobre Mater Dei. Era como si Jeremy hubiera jugado para una escuela secundaria ubicada en medio del desierto de Nevada, semejante a tamo que arrastra el viento. Él formaba parte de un programa respetable de la escuela secundaria de Palo Alto, y su entrenador, Peter Diepenbrock, les era bien conocido a los entrenadores universitarios.

Y Jeremy estaba muy bien catalogado en California del Norte dentro de los círculos relacionados con el básquet en las escuelas secundarias. Se lo nombró Atleta Escolar del Año de la 2ª División de California del Norte y de todo el Estado. El periódico *San Francisco Chronicle* lo nombró Jugador Juvenil del Año, y así también lo hicieron el *San Jose Mercury News* y el *Palo Alto Daily News*.

A pesar de la gran cantidad de papel y tinta que gastaron en él y del enorme cesto lleno de premios recibidos con posterioridad a aquella temporada, a pesar de haber distribuido DVDs con sus jugadas más destacadas (que un amigo de la iglesia le había preparado), y a pesar de los esfuerzos del entrenador Diepenbrock por hacer cabildeo con los entrenadores universitarios, Jeremy no recibió *ninguna* oferta de beca para jugar en una institución de la 1ª División. La lista de «perdidos en acción» incluía a la Universidad de Stanford, que estaba ubicada literalmente en la vereda de enfrente de la escuela secundaria Palo Alto. (Un amplio bulevar llamado El Camino Real separa a las dos instituciones). Resulta desconcertante que Stanford no le haya ofrecido a Jeremy una beca. Después de todo, Jeremy llenaba muchos de los requisitos necesarios para pertenecer a los Cardinals:

- tenía un excelente currículo como jugador de básquet en la escuela secundaria
- era un producto local
- contaba con un sólido historial académico, lo suficientemente bueno como para cumplir con los rigurosos estándares académicos de Stanford
- era asiático-americano

Con respecto a este último punto, casi el veinte por ciento del cuerpo aún no graduado de estudiantes eran asiático-americanos, y como lo mencionamos anteriormente, la escuela estaba ubicada en una zona del país que contaba con una numerosa población asiática. Pero el programa de basquetbol de Stanford le dijo: «No, gracias». Algunos aficionados de Stanford intercedieron a favor de Jeremy, diciéndoles a los entrenadores que no podían dejar de *echarle una mirada* a ese muchacho, Lin. Pero la mejor respuesta que la familia recibió fue que Jeremy siempre podría entrar al equipo como jugador suplementario.

La mirada de los Lin, entonces, se dirigió hacia el otro lado de la bahía, a Berkeley. Pero el equipo de entrenadores de la Universidad de California les dijo lo mismo: *Puede intentar entrar como jugador suplente, pero no les damos garantías al respecto.* Durante una de las visitas relacionadas con el reclutamiento, un entrenador de California llamó a Jeremy con un nombre despectivo.

Esta falta de respeto se volvió a dar en la universidad con la que soñaba Jeremy, UCLA, en la que ya se había matriculado Josh. A Jeremy le hubiera fascinado jugar dentro del histórico programa Bruin, ya que él era el tipo de joven destacado que al legendario entrenador del programa Bruin, John Wooden, le hubiera encantado reclutar, allá por las décadas de 1960 y 1970. Pero el mensaje de los entrenadores de UCLA fue el mismo: *Tendrás que entrar al equipo como un jugador extra.*

Jeremy sabía que muy pocos extras (aquellos sin beca que son invitados a probarse dentro del equipo) logran permanecer dentro de la nómina de jugadores en el basquetbol de 1ª División. Él nunca lo dijo, pero algunos observadores del mundo del basquetbol consideraban que el hecho de que Jeremy *fuera* un asiático-americano le costó el no poder acceder a una beca para jugar en 1ª División. Los encargados de reclutar a los nuevos no pasaron por alto su etnia porque no podían imaginarse a un muchacho de aspecto asiático compitiendo con los mejores jugadores del país. Cualquiera fuera la razón, no lograban visualizarlo jugando al básquet en el nivel que implicaba el Paquete de los 10 (las 10 instituciones más prominentes de la Zona Oeste de los Estados Unidos).

Darse contra la pared

Jeremy se había metido dentro de un «sistema» que le bloqueaba el camino de un modo semejante al que podrían hacerlo dos Shaq O'Neal juntos dentro de la zona pintada.

Los entrenadores universitarios, que eran los que tomaban las decisiones, buscaban cosas cuantificables en un jugador de escuela secundaria, tales como su estatura, lo alto que podía saltar, o la cantidad de puntos que marcaba por partido. Las fortalezas de Jeremy no aparecían en las estadísticas. Su juego era llevar adelante el espectáculo, liderar la ofensiva, y armar el equipo. Tenía una intuición increíble para el juego, una visión periférica semejante a la de Magic, y la actitud de hacerse cargo y asumir que les encanta ver a los entrenadores en sus bases.

«Él sabía exactamente lo que había que hacer en cada momento de ese partido de básquet», señaló Peter Diepenbrock, su entrenador en la escuela secundaria. «Era capaz de ejecutar lo que se proponía en un partido de básquet de una manera que uno no esperaría. Simplemente resultaba difícil cuantificar su audacia»[3].

Probablemente el problema radicara en el hecho de que, al no haber reclutado a un destacado jugador asiático-americano previamente, los entrenadores de las principales universidades no sabían qué hacer con respecto a Jeremy. Los asiáticos-americanos adictos a las actividades gimnásticas como él eran una novedad dentro del basquetbol universitario; apenas uno de cada cien jugadores de básquet de 1ª División provenían de familias asiático-americanas. Según la concepción de muchos entrenadores, las estrellas de basquetbol universitarias debían tener un color de piel diferente, o una apariencia distinta la de Jeremy.

Sin embargo, la familia tuvo algunas opciones, gracias a la insistencia de Gie-Ming y Shirley en cuanto a que sus hijos estudiaran y se desempeñaran tan bien dentro del aula como en la cancha de básquet. Se podría decir que Shirley era en cierto sentido una tigresa como mamá, ya que insistía en que Jeremy pusiera tanto empeño al encarar los libros como al practicar su tiro por elevación.

En una ocasión, el entrenador Diepenbrock recibió una llamada telefónica de Shirley para transmitirle una noticia desalentadora: la nota que Jeremy sacó en la clase de matemáticas había descendido a un precario A-. «Peter, Peter», le dijo, «Jeremy ha sacado un A- en esta materia. ¡Si no la levanta a A para la semana que viene, lo retiro del basquetbol!», amenazó.

«Sí, sí, voy a vigilar a Jeremy», prometió el entrenador[4].

Afortunadamente, Jeremy puso en orden sus notas académicas. A través de toda la escuela secundaria en Palo Alto, logró un promedio de notas de 4.2 (en el sistema de promedio escolar una A equivale a 4 puntos, pero en las clases de nivel avanzado se otorga un puntaje extra debido a su mayor complejidad) y alcanzó un puntaje perfecto de 800 puntos en el examen de aptitud escolar SAT II (por sus siglas en inglés) de Matemáticas IIC durante su primer año de secundaria. Y sus padres pensaron que si Pac-10 o cualquier otro equipo de la 1ª división no deseaban incluir a su hijo en sus filas, entonces podría jugar para alguna institución académica altamente reconocida, como la universidad de Harvard, por ejemplo.

Los Lin apuntaron hacia el este, hacia las ocho instituciones de la Liga Ivy, que son las universidades más selectivas del país (y por lo tanto constituyen la elite). Harvard y Brown fueron las que hicieron una oferta. Ambos entrenadores dijeron poder garantizarle a Jeremy un lugar dentro de su lista. Y cada uno señaló que *en verdad* querían que él jugara para ellos incluyéndolo en sus programas de basquetbol.

En cuanto a la familia Lin, no había discusión. Si Harvard (presuntamente la institución número uno del país ante los ojos de prácticamente toda la gente) lo quería, entonces él jugaría al básquet para su equipo, los Crimson, aunque eso significara que sus padres tuvieran que pagar los estudios de su propio bolsillo. Harvard, al igual que Yale, Princeton, Columbia y el resto de las instituciones que conforman la Liga Ivy, no ofrecen becas para atletas.

Esta no era una consideración menor para los padres de Jeremy. En números redondos, un año de estudios de una carrera en Harvard le significaba a un alumno un costo de cincuenta mil dólares. Eso incluía matrícula, comida y alojamiento, libros, cuotas, y cosas por el estilo. Los Lin ya habían estado guardando dinero para la educación de Josh en UCLA.

«La matrícula es una locura», me dijo Jeremy durante una de mis entrevistas. «Mis padres hicieron todo lo que pudieron para ayudarme en mis estudios. Recibí algo de ayuda económica por parte de Harvard, y saqué algunos préstamos destinados a estudiantes».

«Probablemente te sientas feliz de que tus padres hayan puesto el énfasis en el aspecto académico, porque es posible que nunca hubieras podido ingresar a Harvard sin haber sido un muy buen estudiante, ¿no es verdad?», le dije.

«¡Decididamente! No lo hubiera logrado sin su empuje».

«¿En qué aspecto te impulsaron más, en el académico o en el deportivo?».

«En el académico. Me empujaron en esa línea».

Fue bueno que Gie-Ming y Shirley mantuvieran puestos los ojos en la cuestión académica. Harvard resultó ser no solo una excelente escuela de basquetbol para Jeremy (en la que su juego pudo crecer), sino un lugar que sumó para formar la leyenda de Jeremy Lin.

Según los números

18 era el número de varones asiático-americanos que jugaban en la 1ª División de basquetbol universitario (0.4 %). Esta estadística proviene del Informe sobre Razas y Etnias de NCAA (Asociacion atlética universitaria nacional) del año 2009, publicado en la época en la que Jeremy Lin jugaba basquetbol en Harvard.

23 era la cantidad de estudiantes de Harvard que llevaban el apellido Lin mientras Jeremy asistía a la universidad y jugaba básquet allí.

Capítulo 3

SE LEVANTA EL TELÓN DEL SHOW DE JEREMY LIN

El basquetbol en Harvard se remonta a 1900, cuando John Kirkland Clark, un estudiante de la Facultad de Leyes de Harvard, introdujo ese deporte en la institución, apenas ocho años después de que el Dr. James Naismith inventara el juego en la Escuela de Entrenamiento de la Asociación Cristiana de Jóvenes de Springfield, Massachusetts, a unos 140 km al oeste de Cambridge.

En una mañana invernal de mediados de enero de 1892, el instructor de educación física clavó cestos medianos en la baranda más baja de la platea del gimnasio, a una altura de tres metros del suelo, y le dijo a su clase que iban a practicar un nuevo juego llamado «basquetbol» (baloncesto). El objetivo era introducir un balón irregular de cuero en los cestos. Afortunadamente, la baranda más baja no tenía 3,65 m de altura, porque si no, no podríamos tener el concurso anual de volcadas de la NBA.

Harvard no tenía mucho que mostrar en lo referido a sus 106 años de tradición basquetbolística en el momento en el que Jeremy ingresó al campus durante el otoño de 2006. Los Crimson *jamás* habían ganado un título de la conferencia de la Liga Ivy, y la última vez que Harvard intervino en un torneo de la NCAA fue en 1946. Durante las cuatro temporadas previas al arribo de Jeremy, el equipo de Harvard había obtenido 13 a 14, 5 a 22, 12 a 15, y 13 a 14 (esto se refiere a la relación entre partidos ganados y perdidos). Las temporadas de victorias sucedían una vez cada década.

Así que no causaba sorpresa que los estudiantes tuvieran una mirada apática sobre ese programa. La mediocridad continuó durante los primeros dos años de Jeremy en Harvard (12 a 16 el primer año; 8 a 22 en el segundo), pero tanto el equipo de básquet de Harvard como el propio Jeremy eran una empresa en desarrollo. Al entrenador, Tommy Amaker, que había sido jugador nacional en Duke bajo el legendario entrenador Mike Krzyzewski, le gustaba la velocidad de Jeremy y sus movimientos relámpago hacia el aro, pero el bache más evidente que veía en su manera de jugar era el lanzamiento desde atrás de la línea que permitía marcar 3 puntos.

La distancia al aro de la línea demarcatoria de los 3 puntos es de aproximadamente 6,32 m para los equipos universitarios (y de entre 6,70 m y 7,24 m para la NBA), así que se espera que un base desequilibre a los defensores lanzando tiros de tres puntos, y que logre acertarlos casi la mitad de las veces. Jeremy era un lanzador con una eficacia del 28% desde más allá de la línea de los tres puntos, y los defensas lo sabían. Ellos se cerraban para evitar la penetración al aro y lo obligaban a lanzar por detrás de la línea de triples.

Por pedido del entrenador Amaker, Jeremy se concentró en su lanzamiento desde afuera durante su segundo y tercer año. Durante muchos días se encontraba con el asistente del entrenador, Ken Blakeny, por la mañana, a las 7.00 a.m., para trabajar ese gesto técnico y así aumentar su alcance.

Ese tenaz enfoque funcionó. Cuando se convirtió en una firme amenaza en cuanto a disparos desde la línea de los 3 puntos, todo el terreno se le abrió. «Esa es la razón por la que el entrenador Amaker básicamente le entregó las llaves del bus y le dijo: "Vamos"», señaló Will Wade, uno de los entrenadores asistentes[1].

Con Jeremy detrás del volante, el básquet en Harvard comenzó a emerger y se colocó en el centro de la atención pública durante el tercer año de Jeremy, en especial después de que marcó 25 puntos para ayudar a los Crimson a derrotar al equipo del Boston College que estaba saliendo de un revés con Carolina del Norte. La mejoría del equipo de 8 a 22 a 14 a 14 (esto se refiere a la relación entre partidos ganados y perdidos) resultaba significativa, y los resultados de Jeremy en cuanto a números progresaron también de forma importante: 17.7 puntos por partido, 4.2 asistencias, y 40% de aciertos desde detrás de la línea de los 3 puntos.

Aún más notable era el hecho de que Jeremy fuera el único jugador masculino de básquet de la 1ª División de la NCAA incluido en la lista de los Top 10 de su conferencia en cuanto a tantos marcados, rebotes, asistencias, quitas de balón, lanzamientos bloqueados, porcentaje de canastas, porcentaje de tiros libres y porcentaje de lanzamientos de tres puntos. Mejoraba con rapidez y se sentía cómodo con su juego, pero Jeremy estaba también determinado a vivir la vida de un típico estudiante universitario.

Durante su primer año se alojó en los dormitorios y nunca asumió el aire de alguien especial por jugar en el equipo de basquetbol. Además, debemos admitir que en Harvard prácticamente *todos* los alumnos tienen un talento especial para algo, y Jeremy no era diferente. Le gustaba hacer amigos, andar por ahí, comer un montón de pizza y jugar al

Halo, su videojuego favorito. Era sociable, pero no andaba de fiesta en fiesta.

Muchos jóvenes adultos cristianos pierden interés en su fe cuando entran a la universidad, en especial si asisten a una universidad secular y de elite, como Harvard, a la que se ha descrito con el eufemismo de «un bastión del escepticismo religioso». A otros se los traga el escenario de las fiestas nocturnas y llevan una vida de hijos pródigos[2].

Sin embargo, Jeremy no se salió del sendero estrecho que se había establecido por delante. Sabía que tenía que leer la Palabra diariamente, así que se aseguró de leer las Escrituras por la mañana y por la noche, antes de que se apagaran las luces.

«Cuando recién llegué a Harvard, de pronto me encontré rodeado de atletas todo el tiempo, y no estaba acostumbrado a ello», dijo. «Es un medio ambiente duro, y si uno no ha establecido los límites apropiados, llega a comprometer su fe. Yo tuve luchas espirituales por un tiempo, y no contaba con muchos amigos cristianos. Recién cuando me conecté con un pequeño grupo, durante mi segundo año, las cosas comenzaron a cambiar realmente. Empecé a construir una comunidad cristiana, aprender más sobre Jesús por medio de la Biblia y desarrollar relaciones que me ayudaran a través de la rendición de cuentas»[3].

Jeremy también me dijo que tenía un primo que era pastor en una iglesia local de Harvard Square, así que comenzó a asistir a esa iglesia. Pero el haberse unido a la Confraternidad Cristiana Asiático-Americana de Harvard-Radcliffe (HRAACF, según sus siglas en inglés) en verdad estimuló su crecimiento espiritual, porque se hizo de amigos con los que podía hablar de su fe. Se convirtió en el colíder del grupo durante el tercer y cuarto año, y aunque su compromiso con el grupo estaba limitado por las demandas de su trabajo escolar y el básquet, se encontraba con regularidad con Adrian Tam, un miembro del equipo de HRAACF en el campus.

Adrian se convirtió en un mentor espiritual para Jeremy, ya que estudiaban la Biblia juntos y leían libros tales como *Too Busy Not to Pray* [Demasiado ocupado como para no orar] de Bill Hybels. «Amaba a sus compañeros de cuarto, pasaba gran cantidad de tiempo con ellos en una relación seria de uno a uno, llevaba a cabo estudios bíblicos de investigación junto con ellos, y también pasaban momentos de esparcimiento», señaló Adrian.

Lo que más recuerda Tam acerca de Jeremy, aun desde su primer encuentro, es su humildad. «Aunque él era una persona más realizada, inteligente, y por decirlo directamente, más grande que yo, siempre me trató con respeto y me honró», agregó Tam. «Era sincero conmigo, y deseaba seguir al Señor de corazón en todas las cosas. Tenía una secreta ambición: no solo ser el mejor jugador de básquet que pudiera, sino también el mejor seguidor de Cristo que le fuera posible».

Una de las mejores cosas que encontré al involucrarme con la Confraternidad Cristiana Asiático-Americana era ver a mis compañeros de estudios entregarse a Cristo y hacer cambios en su estilo de vida, señaló Jeremy.

«Cuando sucede eso, definitivamente uno ve a Dios detrás. En verdad me siento agradecido cuando Dios cambia a alguien, o cuando a veces me cambia a *mí*. Veo que esa transformación me hace sentir satisfecho y me da un sentido de realización. Decidamente deseo hacer algo con respecto al ministerio más adelante, tal vez como pastor, si el Señor me dirige a ello»[4].

Vida en el campus, vida en el basquetbol

Luego de alojarse en los dormitorios durante su primer año, Jeremy pasó los últimos tres viviendo en Leverett House, un complejo habitacional estudiantil que daba hacia el río Charles. Formó parte de un grupo de amigos muy unidos que vivían juntos en un sitio con habitaciones para ocho personas y un área común para estudio y socialización. Cuando Leverett House tuvo su equipo de fútbol con insignia, Jeremy se convirtió en el receptor estrella. Durante el campeonato de fútbol interno de Harvard, al jugar con el archienemigo Winthrop House, Jeremy demostró ser una máquina de atajar pases, consiguiendo una victoria de 35 a 20, y saltando alto en las anotaciones por aire y en las intercepciones.

Si bien Jeremy no demostraba temor en el campo de fútbol, no se lo veía tan valiente cuando llegaba el momento de aplicarse la vacuna anual contra la influenza. Alek Blankenau, un residente de Leverett House y compañero de equipo en Harvard, récordó un momento en que a los jugadores de básquet se les indicó que se aplicaran la vacuna contra la gripe a comienzos de la temporada; indicación sensata dada la rapidez con que los gérmenes de la gripe pueden extenderse a través de un campus. Sin embargo, Jeremy no quería saber nada del asunto debido a un temor hacia las agujas que tenía profundamente arraigado.

Cuando los jugadores se pusieron en fila, Jeremy comenzó a perder la compostura. Agitado, le susurró a Alek que no podía seguir adelante con eso y que quería salir de la fila. «Yo le pregunté: "¿Hablas en serio? Somos hombres ya crecidos. Tienes que ubicarte"», récordó Blankenau. «En verdad esa fue la ocasión en que lo noté más nervioso».

Ciertamente no se lo veía tan inquieto en la cancha de básquet, donde comenzaron a aparecer los primeros brotes de Lin*sanity* durante la temporada final en Harvard. Su callada ambición florecía a pleno en la cancha de basquetbol, en la que Jeremy era un éxito completo, lisa y llanamente. El equipo de Harvard se esforzó hasta lograr un récord de 21 a 8, que no tenía precedentes. Como los Crimson seguían ganando partidos (y derrotando a rivales de la conferencia tales como Yale, Brown y Darthmouth), la pulcra tribuna de 2.195 asientos conocida como el Pabellón Lavietes, se llenó de estudiantes de Harvard con la leyenda «Bienvenidos al Show de Jeremy Lin» serigrafiada en sus camisetas.

De repente, el aparecerse en el segundo estadio más antiguo de básquet universitario (inaugurado en 1926) y aclamar a Jeremy y a *su propio* equipo volvió a ser relevante dentro de la liga universitaria Ivy, normalmente desprovista de todo espíritu entusiasta. Cheng Ho, el running back principal del equipo de fútbol americano, reconoció un alma gemela en ese otro atleta asiático-americano del campus y entró en acción. Dio comienzo a una campaña en Facebook, a la que llamó «Gente de Crimson», en la que convocaba a la gente a presentarse en los partidos en los que Harvard jugaba de local, lo cual resulta irónico, dado que Facebook había tenido sus comienzos en el dormitorio de Mark Zuckerberg, en Harvard, seis años antes.

En lugar de seguir siendo un sector escasamente poblado, el Pabellón Lavietes se revigorizó con la presencia de todo un contingente de estudiantes universitarios entusiastas, algunos curiosos, y hasta chicos de los barrios pobres de las cercanías del este de Cambridge, muchos de los cuales llevaban camisetas «todas blancas» o «todas negras» (sectores enteros de hinchas usando camisetas blancas o camisetas negras), tal como fuera indicado en el último mensaje de Facebook por el presidente Ho.

Una gira por California

Durante el último año de Jeremy, el programa de basquetbol de la Universidad de Santa Clara, ubicada a unos veinticuatro kilómetros de la ciudad natal de Jeremy, Palo Alto, invitó al equipo de Harvard a la Costa Oeste para un partido de regreso a casa.

Las noticias del encuentro crearon toda una ola de rumores en el área de la Bahía de San Francisco.

«Si desean ver un estadio lleno de miles de asiáticos-americanos alentando al mejor jugador de básquet asiático-americano que jamás haya jugado, deberían asistir a este partido histórico», escribió un blogger en el sitio Web Golden State of Mind, instando a todos a usar el color negro para apoyar a Jeremy y en honor a los uniformes de Harvard[5].

Y ellos asistieron el 4 de enero de 2010; miles de fanáticos de Jeremy Lin se metieron como con calzador en el área de 4.700 asientos del Leavy Center, vestidos con camisetas negras para apoyar al equipo visitante. La presión de jugar frente a su familia y los parientes, ante los viejos compañeros de escuela secundaria y de partidos basquetbol juveniles, y delante de los nuevos seguidores, causó ciertos efectos negativos. Jeremy sufrió de mariposas en el estómago y marcó apenas seis puntos. Sin embargo, llevó adelante una buena ofensiva que ayudó a Harvard a derrotar a Santa Clara 74 a 66.

La recepción fue mucho más fría en las calles, en las que las multitudes de seguidores del básquet universitario pueden mostrarse brutales. Cuando el sector estudiantil no canta insultos en forma rítmica, reclamando algo que no les ha gustado, se viste de una manera que constituya una burla hacia el otro equipo. Por ejemplo, llevar una indumentaria semejante a la de los misioneros mormones (camisas blancas de manga corta, pantalones negros, corbatas negras angostas y cascos para bicicleta de color negro) cada vez que la Universidad Brigham Young juega durante una gira.

Cuando el escolta Jimmer Fredette, de los Sacramento King, estaba terminando en BYU, los hinchas de San Diego State le hicieron un tratamiento a fondo. Uno de esos fanáticos levantó un cartel que preguntaba: «¿Cuál de tus esposas te contagió la mono?», haciendo referencia al brote de mononucleosis que había sufrido Fredette con anterioridad durante la temporada de su último año. Pero eso fue algo suave en comparación con los malvados cantos que partían del sector de los estudiantes: «¡Todavía eres un mormón!».

Así que no sorprendió que el ver a un prominente jugador de básquet asiático-americano, que jugaba en toda la cancha y estaba *derrotando* él personalmente al equipo contrario, impulsara a algunos pocos miembros inmaduros del sector de los estudiantes (muy probablemente ebrios) a mofarse de Jeremy.

Algunos le gritaban cosas realmente estúpidas (y racistas) como: «¡Eh, cerdo agridulce!», o «sopa wonton», desde las graderías. «¡Vuélvete a China!», o «La orquesta está del otro lado del campus», fueron otras de las tontas burlas. En una ocasión, en Georgetown, Jeremy escuchó observaciones terriblemente desagradables dirigidas a su persona, incluyendo comentarios racistas como «chink» forma ofensiva de llamar a los chinos, y «ojos rasgados».

Jeremy mostró la gracia de Dios y les puso la otra mejilla a los que lo atormentaban. Pero también se esforzó más en el juego. Por supuesto, los abucheos le molestaban al principio, pero él decidió dejar que su manera de jugar hablara por sí sola. En el proceso, ayudó a que Harvard se volviera relevante dentro del basquetbol universitario y le dio vida a un programa aletargado.

Una vez más condujo a la Liga Ivy en diez diferentes categorías ofensivas, como lo había hecho en su tercer año. Su puntaje de anotaciones durante el cuarto año fue de 16.4 puntos por partido, lo que resulta notable porque él solo tomaba un promedio de 9.9 lanzamientos por partido, lo que constituye un ejemplo significativo de juego libre de egoísmos. Por tercer año consecutivo ganó el Premio al Jugador Más Valioso, Raymond P. Lavietes '36, votado por sus compañeros de equipo. Estableció varios récords en Harvard: primero, y sin precedentes, en cuanto a partidos jugados (115), quinto en puntaje (1.483), quinto en asistencias (406), y segundo en robo del balón (225).

Las acciones de Jeremy nunca se cotizaron tanto como durante su último año cuando Harvard jugó en su gira contra la Universidad de Connecticut, en ese entonces la número 12 del ranking, y centro neurálgico tradicional del basquetbol universitario. Él realizó una disección y una bisección de la Universidad de Connecticut con 30 puntos y 9 rebotes, y dejó una cicatriz en uno de los equipos más importantes del país. Harvard perdió 79 a 73, pero Jeremy se ganó todo un conjunto de nuevos admiradores.

La Costa Este escuchó acerca del Show de Jeremy Lin y envió periodistas desde Nueva York y Boston para verificar lo oído. Deseaban medir al jugador que había dado vuelta a aquel programa antes sombrío.

A continuación mencionamos algunas de las citas más memorables:

- «Jeremy Lin probablemente sea uno de los mejores jugadores del país del que no sabemos nada» (Rece Davis, ESPN).
- «Es una fiesta mirarlo. Es calmo, inteligente, generoso, y ve la cancha como ninguno de los que están en ella la ve» (Len Megliola, columnista del *Boston Herald*).
- «Presten atención a Jeremy Lin, del equipo de Harvard. El hecho de que sea un base asiático-americano jugando en Harvard probablemente lo haya mantenido fuera del radar de la NBA por demasiado tiempo. Pero cuando los cazadores de talentos busquen bases por todas partes, una y otra vez deberán reconocer que Lin es un candidato legítimo» (Chad Ford, analista de reclutamientos de la NBA, ESPN).

Sport Illustrated realizó su mejor artículo sobre Jeremy en febrero de 2010, en una nota titulada: «La escuela de basquetbol de Harvard». El redactor Pablo Torre la cerró con esta descripción:

Es una tarde de mediados de enero, y el principal economista, el que conduce el más improbable de los resurgimientos dentro del básquet universitario, está sentado en su dormitorio del cuarto piso, que da hacia el helado río Charles. Está rodeado de fotografías de

la familia y amigos de Palo Alto, California, un pós-
ter de Chris Webber de la era de los Warriors, y una
Xbox en mal estado. Nada sugiere el estatus de Lin
como primer finalista en más de una década para el
premio Wooden, y primero también para el premio
Cousy (al mejor base de la nación), ni su proveniencia
de la Liga Ivy, que no cuenta con becas.

«Nunca podría haber predicho nada de todo
esto», dice Lin. «¿Que la gente hable de mí de esta
manera? No estoy acostumbrado a eso»[6].

Torre se refería a la posición de Jeremy como finalista del
Premio John Wooden, el honor más codiciado de la nación
en lo referido a básquet universitario. Treinta jugadores
habían sido nominados y diez fueron seleccionados para el
equipo norteamericano, pero Jeremy no lo logró luego de
finalizada la temporada 2010. Tuvo una mejor oportunidad
en cuanto a ganar el premio Bob Cousy como el mejor base
(llamado así por Bob Cousy, base del Hall de la Fama y ex
del Boston Celtics), pero Greivis Vásquez, que creció jugando al básquet en los barrios de Caracas, Venezuela, fue el
que recibió ese honor.

Cuando concluyó la carrera de Jeremy como jugador
en Harvard, y se graduó en el tiempo adecuado, obtenien-
do un título en economía (con una asignatura secundaria
de sociología en la que alcanzó una nota promedio de 3.1),
tenía muchas esperanzas de que un equipo de la NBA lo
convocara y le diera la oportunidad de integrar la nómina.
Pero había un viento en contra dominante contra el que él
luchaba: el hecho de no haber jugado en una de las con-
ferencias mayores contra los más grandes, altos y mejores
jugadores universitarios del mundo.

¿Y su etnia?

No entremos en eso, pero el gorila de 360 kg sentado en la sala de reclutamiento decía que ningún asiático-americano jamás había usado un uniforme de la NBA. Si Jeremy iba a hacerlo, tendría que ser el primero.

Mucha gente no se da cuenta de lo difícil que es alcanzar el nivel más alto del basquetbol profesional. Desde sus inicios en 1949, aproximadamente 3.600 hombres han jugado en la NBA, pero ¿cuántos han intentado entrar allí, o han imaginado poder usar el uniforme de la NBA? La respuesta tendría que ser decenas de millones, si contamos a todo muchacho que juega a ser Michael Jordan, Magic Johnson, Larry Bird, Jerry Wet o Wilt Chamberlain en la entrada de autos de su casa, driblando el balón y llevándolo hacia el aro para encestar, logrando el mayor puntaje en el último partido de las finales de la NBA.

Jeremy era uno de esos muchachos que practicaba lanzamientos al aro durante horas en la entrada de autos. Cuando estaba en la escuela media, él y sus hermanos dejaban de jugar y espiaban a través de la ventana cuando papá sintonizaba un partido de la NBA en el televisor. Jeremy miraba a Michael Jordan realizar uno de esos tiros a la canasta que se esfumaban lentamente y llevaban su sello, y luego regresaba a su habitual aro portátil para imitar ese mismo movimiento una y otra vez.

Si lo pensamos un poco, encontraremos que Jeremy había invertido sus 10.000 horas de práctica, la cifra redonda que el autor Malcolm Gladwell señala (en su libro *Outliers: The Story of* Sucess) como la clave del éxito en cualquier campo, sea interpretar un concierto de piano, convertirse en un experto programador de computación, o volverse un atleta de elite.

Jeremy había estado practicando y jugando al básquet desde que tenía cinco años. Para la época en que se graduó de Harvard, quién puede saber cuántas horas habrá dedicado a la práctica esforzada, con ese balón de cuero entre las manos, trabajando sobre todos los aspectos de aquel deporte: lanzamientos, pases, rebotes y defensa. Debían ser más de 10.000 horas.

Sin embargo, a pesar de que él realizó todo un esfuerzo por desarrollar ese talento que el Señor le había dado, el camino que Jeremy recorrió hacia la NBA ya estaba previsto en la economía de Dios.

En otras palabras, era un milagro.

Capítulo 4

NI RECLUTADO NI DESEADO

Ed Welland es del tipo de personas que escudriña y tamiza las estadísticas como quien lava oro, buscando pepitas de información clave.

Welland analizó la cosecha de bases en el pizarrón de reclutamiento y dijo que la elección de armadores de juego iba a ser escasa en 2010. «Eso no significa que no haya un jugador o dos que sorprendan a los expertos», escribió en la primavera de 2010. «El mejor candidato para lograr esa sorpresa puede ser Jeremy Lin, de Harvard. La razón está en dos números que Lin ha dado a conocer: 2-puntos PG pct y RSB40. Lin está en 0.598 y 9.7. Esto resulta impresionante en ambas cuentas. Esas cifras demuestran el estado atlético de la NBA mejor que cualquier otra cosa, porque el puntaje alto de ambas muestra un dominio a nivel universitario en las dos puntas de la cancha»[1].

Esta cuestión de la medición APBR me sobrepasa, pero lo que Welland quería decir era que el alto porcentaje de canastas desde la línea de los 3 puntos (seis de cada diez disparos, o sea en el 0.598 por ciento), junto con su habilidad para el rebote, el robo y el bloqueo (que conforman la estadística RSB40) lo convertían un candidato de oro de 24 quilates.

Pero, ¿qué sabía Ed Welland? Él conducía un camión de entregas de FedEx en el pequeño pueblo de Bend, al este de Oregón, y publicaba sus evaluaciones en un blog sobre deportes, el hoopsanalyst.com. Cuando escogió a Jeremy como el favorito de sus candidatos a base, nunca lo había visto jugar, dado que los partidos de Harvard no se transmiten en lugares fronterizos como Bend. Welland tomó sus decisiones basándose tan solo en las estadísticas que aparecían en su hoja de cálculos.

Los reclutadores de la NBA confían más en la evaluación visual, lo que resulta más subjetivo. En las preliminares de los reclutamientos de la NBA de 2010, sin embargo, a Jeremy se lo miró con detenimiento. Se lo invitó a trabajar con ocho equipos, incluyendo el de su ciudad natal, el Golden State Warriors. A pesar de eso, cuando llegó el gran día, a Jeremy se lo pasó por alto en las convocatorias de las dos rondas en las que se seleccionó a solo sesenta jugadores. Probablemente haya tenido mucho que ver con eso el hecho de que él hubiera jugado en la liga universitaria Ivy. El último jugador de Harvard en usar la camiseta de la NBA había sido Ed Smith, que jugó los once partidos de su carrera de una sola temporada allá por los años 1953-54. La idea que pululaba entre los reclutadores, era que los jugadores de Harvard no resultaban en la NBA.

Jeremy luego tuvo algo de suerte cuando el gerente general de Dallas, Donnie Nelson, lo invitó a jugar en la Liga de Verano con los Mavericks, luego que el ruido de los reclutamientos se desvaneció. La Liga de Verano de la NBA se juega a un ritmo frenético y puede resultar un tanto desprolija, pero a los principiantes y otros jugadores que se encuentran fuera de las listas, como Jeremy, la Liga de Verano les provee una chance fugaz (quizá la última) de confrontar sus habilidades con las de jugadores del nivel de la NBA y causar una buena impresión. Esta particular temporada de verano de ocho días se llevó a cabo en Las Vegas, en julio de 2010.

Jeremy no fue un jugador de arranque dentro del equipo de los Mavericks durante la Liga de Verano. Para nada. Se sentaba detrás de un electrizante base de nombre Rodrigue Beaubois, al que los entrenadores de Dallas estaban evaluando para darle un lugar en la nómina. Durante los cuatro primeros partidos, Jeremy ocupó un lugar substituto, jugó un promedio de 17 minutos y 8 puntos por partido.

Luego sucedieron algunas cosas interesantes que cambiaron la curva de la vida deportiva de Jeremy en el básquet. Observemos la mano de Dios a través de esta serie de acontecimientos:

1. El equipo de Jeremy tenía que jugar contra el equipo de los Washington Wizards en la Liga de Verano, y en el que aparecía John Wall, el elegido en primer lugar dentro de los reclutados por la NBA en 2010. Wall sería nombrado el Jugador Más Valioso de la Liga del Verano de esa temporada.
2. Esta era la última competencia de los cinco partidos que se jugaban durante la Liga de Verano. Una gran cantidad de reclutadores y funcionarios de equipos de la NBA andarían rondando por allí.
3. Rodrigue Beaubois se torció un tobillo e hizo una aparición pobre durante la primera mitad. Jeremy tomó su lugar.

4. Al decir de todos, Jeremy superó a John Wall en
    juego, en garra, en lanzamientos y en brillo durante
    la segunda mitad, conduciendo a su equipo en una
    tremenda reacción, y arrancando los ¡oh! y los ¡ah!
    de la multitud con diversos lanzamientos al aro.

Esta es una breve reseña de la forma en que jugó Jeremy:
Durante el último cuarto, la defensa tenaz de Jeremy sobre
Wall obligó a este último a lanzar sin destino. Entonces él
salió de la nada para efectuar un robo sensacional, luego le
arrancó de las manos un rebote a un centro de 2,13 m de
altura. En ese partido, metió 6 de los 12 disparos, incluyendo su único intento de la noche de lanzar por los 3 puntos.
   Luego de esa sola mitad de partido brillante, varios
equipos de la NBA miraron a Jeremy bajo una nueva luz.
Los Dallas Mavericks, Los Angeles Lakers, y los Golden
State Warriors, todos ellos vieron algo en ese muchacho.
Consideraron que con una adecuada dedicación, podría
convertirse en un jugador de la NBA. Su idea era que Jeremy
pudiera jugar una temporada en la Liga de Desarrollo de
la NBA (conocida como la Liga D), y ver hasta dónde lo
llevaba eso.
   Y luego entró Joe Lacob en el cuadro.
   ¿Quién es Joe Lacob?
   Durante el verano de 2010, Lacob estaba en medio de la
compra de los Golden State Warriors, junto con Peter Guber,
el ex presidente de Sony Pictures. Juntos habían extendido
una propuesta de U$S 450 millones para comprar el equipo.
   ¿Y de qué manera afectaba esto a Jeremy?
   Bueno, sucedía que Joe Lacob (cuando vivía en el Área
de la Bahía) había entrenado al equipo de básquet de su
hijo, el que luego había jugado contra Jeremy cuando este

era un don nadie. Este fascinante diálogo entre Lacob y el columnista Tim Kawakami del *San Jose Mercury News* explica las cosas:

Kawakami: «Solo quiero confirmar que usted hizo el llamado para contratar a Jeremy Lin».

Lacob: «Sí, fue una llamada mía...».

Kawakami: «¿Y por qué Lin?».

Lacob: «Bien, se trata de una situación especial».

Kawakami: «¿Su hijo jugaba con Lin? ¿O contra Lin?».

Lacob: «Probablemente hubiera tres muchachos que fueran los mejores bases de la escuela secundaria de nuestra área en ese momento, y es posible que Jeremy Lin fuera el mejor de ellos. Y mi hijo Kirk estaba allí con él. Los he visto jugar uno en contra del otro, y he tenido que entrenar teniéndolo en contra desde que él tenía esta altura.

»Así que lo conozco desde que era un muchachito. También en Palo Alto lo vi ganar el campeonato estatal contra un equipo superior, que él dominó. EMater Dei. Él pone corazón, tiene mucho talento y es atlético, lo cual mucha gente no comprende.

»Tiene un juego que se compatibiliza con el de la NBA. Puede lanzar; es un matador. Necesita lanzar mejor, obviamente. Precisa mejorar el disparo de larga distancia.

»Resulta gracioso que la gente no conozca su juego. Dicen: *Oh, sí es un lanzador pero no tiene aquellas otras habilidades.* No es verdad, sino todo lo contrario.

»Jeremy Lin, según creo, puede jugar. Aún no lo han contratado porque es un asiático-americano. Esa es una linda característica, como cualquier otra. Y pienso que será muy bueno para esa comunidad y para los Warriors. Pero se lo ha contratado porque es capaz de jugar.

»Si miramos sus cintas, si observamos lo que hizo con John Wall en Las Vegas, notaremos que él lo sobrepasó aún más. Este no es un muchacho que no debería ser reclutado. Es un muchacho como para reclutar».

Kawakami: «¿Eso no le pone presión al entrenador como para que lo tenga que hacer jugar?».

Lacob: «No. Él tiene que demostrar lo que es en la cancha».

Kawakami: «Usted lo estará observando».

Lacob: «No son cosas que yo deba determinar. Él tiene que demostrar que vale, los entrenadores tienen que entrenarlo, y veremos. Jeremy obviamente debería haber sido reclutado por Stanford. Cometieron un gran error. De paso, un montón de nosotros, los aficionados de Stanford, intentamos lograr que reclutaran a Jeremy. Pero no lo hicieron. Bien, ¿saben algo?, eso fue realmente estúpido. Soy un gran fanático de Stanford, pero eso fue una real estupidez. Teníamos al muchacho enfrente, cruzando la calle. Si uno no puede reconocer eso está en un problema[2].

Y de este modo Jeremy Lin obtuvo su chance de jugar en la NBA. Dos semanas después de acabar la Liga de Verano, él firmo un contrato de dos años con los Warriors, y la noticia de su contratación causó un shock a través del Área de la Bahía de San Francisco, en especial dentro de la comunidad asiático-americana. Luego, a través de tenacidad y coraje en el campo del entrenamiento, Jeremy se ganó un lugar dentro de la lista de los Warriors.

Sin ser reclutado, luchando por ser reconocido, y no habiéndosele brindado mayores oportunidades, Jeremy de alguna manera había triunfado sobre la increíble improbabilidad de poder usar una camiseta de la NBA.

Y lo que es aún mejor, el equipo de su ciudad natal quería tenerlo, y también los simpatizantes de su pueblo natal.

Su año como novato

Luego de firmar con los Warriors, Jeremy consiguió un lugar propio en Hayward, ubicado aproximadamente a mitad de camino entre el hogar de sus padres en Palo Alto y el Oracle Arena de Oakland, en el que jugaban los Warriors.

El campamento de instrucción, sin embargo, fue un crudo despertar. Jeremy descubrió que no estaba tan preparado para jugar en las grandes ligas como había pensado. El nivel de juego era más rápido, más alto y mejor. Sus compañeros de equipo respondían mejor que él en los ejercicios de práctica, lo que solo aumentó su ansiedad, marchitando su confianza. Aun el aliento de sus entrenadores no conseguía levantarle el espíritu. «Muy pronto me sentí humillado», dijo, describiendo el brusco despertar como un viaje en montaña rusa entre la euforia y la desesperación. Entró al equipo, pero apenas. Jeremy eligió usar el número

7 (número bíblico que denota plenitud o perfección) en su camiseta[3].

Estuvo en el banco durante el partido de apertura de la temporada que ganaron contra los Houston Rockets, pero hizo su debut en la NBA dos noches después, en el segundo partido de 2010 en el Golden State (temporada 11), en la «Noche de la Herencia Asiática». Un estadio lleno, con 17,408 simpatizantes, explotó en aclamaciones cuando se lo introdujo en el juego faltando dos minutos y medio. Los Warriors iban adelante con una ventaja confortable. Jeremy tuvo el honor de driblar en los minutos finales de una victoria local sobre Los Angeles Clippers.

Jeremy Lin había hecho historia al convertirse en el primer jugador de basquetbol asiático-americano de ascendencia chino/taiwanesa que pisaba una cancha de la NBA, de 28,5 m de largo por 15,2 m de ancho. El único otro de pura sangre asiático-americano que jugó en el basquetbol profesional de los Estados Unidos fue Wataru «Kilo Wat» Misaka, de 1,70 m de altura, que jugó solamente *tres* partidos para los New York Knickerbockers allá por 1947, en la antigua Asociación de Basquetbol de América (BAA, según sus siglas en inglés), que dos años después se convirtió en la NBA. Nacido de inmigrantes japoneses, Misaka se merece una mención honrosa por ser pionero en una época en la que los norteamericanos acababan de vencer a Japón en la Segunda Guerra Mundial, y en la que el recuerdo de las atrocidades del ejército japonés todavía estaba fresco en la memoria del público.

Y lo que es más importante, «Kilo Wat», que apareció el mismo año en el que Jackie Robinson rompió la barrera del color en la Liga Mayor de Béisbol, fue el primer no caucásico en jugar al básquet profesionalmente, lo que constituía un logro notable dado que pasarían otros tres años antes de que la NBA admitiera al primer jugador negro, en 1950.

A través de los años pasaron por la NBA otros cuatro jugadores (Raymond Townsend, Corey Gaines, Rex Walters y Robert Swift) con una herencia genética mixta, en los que, por ejemplo, se daba un padre norteamericano casado con una madre japonesa o filipina. Y también asiáticos nacidos en el exterior, como Yao Ming y Yi Jianlian.

Recuerdo haber visto jugar a Jeremy por la televisión en aquellos primeros partidos con los Warriors. Le ponía garra al juego y se esforzaba, pero resultaba evidente que jugaba procurando evitar errores, lo que vuelve a un jugador menos agresivo dentro de un juego profesional duro en el que la audacia y la determinación definen a aquellos que lo logran y los separan de los que tendrán que buscarse un nuevo puesto de trabajo, como por ejemplo jugar para un equipo de otro país.

La recientemente adquirida notoriedad de Jeremy agregaba más presiones. Se disparó la atención de los medios de comunicación principales (*NBC Nightly News*, el *New York Times*, y la revista *Time*, por mencionar solo algunos) que escribían elogiosos artículos acerca del primer asiático-americano que jugaba en la NBA. Jeremy pensaba estar lo bastante bien plantado como para soportar el análisis de los medios, así como también los miles de pedidos para ser aceptados como sus «amigos» en su página de Facebook, pero pronto descubrió lo contrario. Aun cuando a la hinchada local le encantaba alentar a su hijo nativo, la atención que despertaba producía un enfoque intenso sobre él que lo seguía a donde fuera, y eso tenía sus efectos en la cancha. Resultaba evidente que como jugador de basquetbol él era una obra en desarrollo.

Hacia fines de diciembre de 2010, los Warriors reasignaron a Jeremy (que como promedio había estado jugando 17 minutos por partido) a los Reno Bighorns, un equipo afiliado que jugaba en la Liga D. Le resultó difícil no considerar el cambio como un descenso de categoría.

En un estado cercano a la desesperación, Jeremy escribió en su diario personal que se sentía un fracaso luego de haberse exigido tanto para lograr ingresar a la NBA. Durante una conferencia promovida por la Iglesia Cristiana River of Life de Santa Clara luego de terminada la temporada, Jeremy dijo que el 29 de diciembre de 2010 había escrito lo siguiente en su diario personal:

Probablemente este sea el momento más cercano a la depresión por el que he pasado. Me falta confianza cuando estoy en la cancha. Ya no me divierte jugar al básquet. Detesto estar en la Liga D, y quiero reincorporarme a los Warriors. Estoy avergonzado y me siento como un fracaso[4].

Si lo pensamos un poco, Jeremy nunca había «fracasado» en nada antes. Había sido un alumno con notas sobresalientes, había sacado el puntaje más alto en el examen de aptitud escolar (SAT, según sus siglas en inglés), había asistido a Harvard y se había convertido en uno de los mejores jugadores de básquet universitario del país. Pero la NBA era un hueso duro de roer, lo cual resulta lógico, ya que mucha gente señala que los mejores atletas del mundo juegan allí.

Los jugadores de la NBA:

- son más altos y fuertes que el 99.9 por ciento de la población mundial.

- pueden correr como gacelas mientras mantienen un drible.
- pueden detenerse súbitamente y lanzar exitosamente el balón a través de un aro cuyo diámetro es de 43 cm (2.5 cm menos que el doble del diámetro del balón de basquetbol).
- muestran un impresionante estado atlético y una capacidad extraordinaria de salto y permanencia en el aire cuando se dirigen hacia el aro.

Los jugadores de básquet se mueven lateralmente con rapidez, muestran una gran coordinación, y saltan como canguros. Si lo ponemos todo junto, esto forma un importante paquete atlético y subraya la razón por la que las demandas físicas del básquet profesional resultan mayores que las de los otros principales deportes, dada la consistente combinación de ejercitación al límite y capacidad de lanzar de manera habilidosa.

Jeremy estaba en este punto: como el jugador que golpea el disco y este se desvía del arco por pocos centímetros. Y ahora esto, el punto más bajo de su carrera en el básquet. «Fue un shock [el ir al Reno] porque yo no tenía idea de lo diferentes que eran las dos ligas», señaló. «También resultó humillante porque los vestuarios, las instalaciones, la asistencia a los partidos, los viajes, todo era muy distinto».

En el día de Año Nuevo de 2011, escribió en su diario: «Desearía nunca haber firmado con los Warriors».

Jeremy hizo un examen interior y llegó a una conclusión que transmitió a los asistentes a la conferencia de la Iglesia Cristiana River of Life: «Ni la paga, ni el automóvil, ni la fama, nada en el estilo de vida de la NBA ni de lo que tuviera que ver con eso, ni mi trabajo soñado o mi vida soñada, ya nada tenía significado para mí». Y Jeremy confesó: «Mi felicidad dependía de lo bien que jugara»[5].

Bien. Ahora Jeremy sabía de lo que se trataba. Despojado de todo aquello, él se daba cuenta de que hasta la felicidad que encontraba en ver sus lanzamientos pasar silbando a través de la red, en escuchar las expresiones de aliento de los entrenadores y las aclamaciones explosivas de reconocimiento de los seguidores, eran de corta duración. La lección que aprendió fue que el éxito es efímero, y que lo que realmente cuenta es tener una actitud de humilde dependencia de Dios.

El basquetbol se había convertido en un ídolo en la vida de Jeremy, y si él dependía del juego como fuente de su felicidad, entonces estaba destinado a convertirse en un tipo infeliz. Decidió confiar en Dios en cuanto a su futuro, lo que le dio una perspectiva nueva sobre todo.

En nuestras entrevistas, Jeremy y yo mantuvimos este diálogo acerca de su descenso de categoría:

Mike: «¿Cómo enfrentaste las luchas que implicó el ser descendido a la Liga D?».

Jeremy: «Fue muy duro. La gente no me cree cuando le digo que fue el año más duro de mi vida, pero fue así.

»Muchas noches se me hicieron largas y pasé por luchas internas. Tuve que aprender a someterme en verdad a la voluntad de Dios y a confiar en él, y simplemente pasar por las diversas situaciones que consideraba como probablemente injustas en momentos en que deseaba que las cosas fueran distintas.

»Lo que aprendí fue a apoyarme en Dios en aquellas situaciones y hacer que mi relación con él fuera más íntima, desarrollar esa relación, y pasar más tiempo con él cada día. En mí fue apareciendo una cantidad de diferentes convicciones; leí mucho, y oré mucho. Me dediqué a la oración mucho más de lo que antes hubiera hecho. Aprendí toneladas de cosas».

Mike: «¿Te causó un shock verte por primera vez en Reno?».

Jeremy: «Sí, lo fue porque no tenía idea de lo diferentes que eran las dos ligas. Siempre había escuchado acerca de eso, pero hasta no estar allí no había descubierto lo distintas que eran.

»Fue la primera vez que descendía y entonces comencé a darme cuenta (realmente fue humillante) de que, ¡caramba!, en la NBA yo había estado quejándome de esto y aquello; y ese descubrimiento me dio una perspectiva nueva y completa de todas las cosas y también un poco más de sentido de gratitud».

Mike: «¿Cuáles son algunas de las diferencias? ¿La cantidad de dinero que dan para las comidas? ¿La clase de hotel en el que se alojan?».

Jeremy: «Todo. Los vestuarios, las instalaciones, la asistencia a los partidos, el servicio, la forma de viajar. Todo resulta muy distinto».

Mike: «¿Alguna vez te tocó ir a un partido en bus?».

Jeremy: «Dependía. A veces viajábamos en bus, como por ejemplo cuando hicimos un viaje de nueve horas a Bakersfield».

El haber sido descendido al equipo de Reno fue una prueba, y Santiago 1:2 les asegura a los creyentes que pasarán por adversidades de muchos tipos. Pero eso no constituía el fin del mundo; ni el fin de las aspiraciones de Jeremy a la NBA. Fue ese conocimiento lo que produjo en él un total cambio de actitud: si el descender a la Liga D era lo que los Warriors deseaban que él hiciera, entonces eso haría. Escucharía a sus entrenadores, trabajaría en sus debilidades, y se esforzaría en el juego.

Algo que no cambió en él era el corazón de siervo que tenía. Por ejemplo, cuando el equipo viajaba en avión a lugares como Erie, Nueva York, Canton, Ohio, y la ciudad limítrofe de Hidalgo, en Texas, Jeremy tenía derecho a contar con un asiento de primera clase, dado que había sido destinado al equipo por los Warriors. Los otros jugadores de la lista eran enviados a la apretujada clase económica, que parecía una bodega. Lograr que calzaran sus cuerpos de 2.05 m en los asientos requería de una destreza gimnástica digna de una producción del Cirque du Soleil.

Jeremy siempre le pasaba su boleto de primera clase a un compañero más alto y se sentaba en la parte de atrás del avión. «Eso hablaba mucho acerca del tipo de muchacho que era», dijo Eric Musselman, su entrenador de los Reno Bighorns. «A nuestros jugadores les encantaba jugar con él»[6].

Jeremy jugó bien con los de Reno, manteniendo un promedio de 18 puntos, 5,6 rebotes, y 4,3 asistencias por partido. Él adquirió no solo minutos de juego sino una experiencia que necesitaba, y mucho, al jugar en una liga profesional.

No mostraba confianza aún, pero se lo veía mucho más cómodo dentro de la cancha, y eso se podía apreciar por el mejoramiento de su juego.

Jeremy dejó su corazón en... Reno

Luego de la aparición de la Lin*sanity*, la oficina central de los Reno Bighorns reconocía una buena posibilidad de promoción cuando veía esto. Ese año, para el partido del 17 de marzo, proclamaron la «Noche de las Donaciones de Jeremy Lin», y entregaron 1.500 camisetas de edición limitada, aun cuando Jeremy ya no estaba jugando para la organización de los Golden State Warrior.

Las camisetas salieron como panqueques calientes, y no puedo evitar preguntarme el precio al que se estarán vendiendo por eBay ahora.

La vida tentadora

No quedan dudas de que Jeremy descubrió que el jugar en la NBA no era algo fácil de realizar. La larga temporada hacía que los jugadores rebotaran de ciudad en ciudad como en el juego del pinball, rodando sobre una superficie inclinada, entre alfileres y metas. La tensión física de jugar espalda con espalda durante las noches en diferentes ciudades fatiga las piernas y acaba con el deseo de realizar una buena actuación y jugar bien. Hasta los atletas que se hallan en las mejores condiciones tienen que acostumbrarse a ese ritmo durante la temporada (aun dentro de los partidos) para que les quede alguna reserva para el encuentro del último cuarto.

Más allá de las demandas físicas, yo sostengo que los cristianos que lanzan al aro, como Jeremy, pasan momentos aún más difíciles en la NBA a causa de las tentaciones que los bombardean a diario. Se les presentan todas las razones para dejar de lado a Cristo y confiar en ellos mismos mientras buscan la fama y la fortuna dentro de ese mundo.

En defensa de ellos diré que los jugadores de la NBA enfrentan desafíos y tentaciones que el resto de nosotros ni siquiera podemos llegar a comprender. Tienen dinero; tienen un montón de tiempo libre en sus manos; tienen hordas de mujeres procurando captar su atención en el hall de entrada de los hoteles, en los restaurantes y bares. Las damas se visten de manera provocativa, son atractivas y coquetean como escolares, echando miraditas.

Algunas, desafortunadamente, lo que buscan es ser fecundadas por un jugador de la NBA. Ven el tener un hijo fuera del matrimonio como una vía rápida de conseguir pagos de sostén para el niño que cuenten con cinco cifras y que puedan llegar hasta a una suma de U$S 75.000 *por mes*. La cantidad de hijos ilegítimos que tienen los jugadores de la NBA es sorprendente (comparten esto con otros profesionales de los deportes también). En general, se estima que entre el 50 y el 60 por ciento de todos los jugadores han tenido hijos fuera del matrimonio. Los pagos por el sostén de los hijos en ciertos casos constituyen el principal gasto de algunos atletas.

Uno de los jugadores a los que entrevisté en mi libro *Playing with Purpose* [Jugar con un propósito] me informó que una vez la NBA envió un representante para que les hablara a los jugadores sobre «cómo ser cuidadosos».

«Básicamente nos explicó cómo engañar y salir airosos», dijo. «Era algo muy loco. Nos dijo que consiguiéramos un teléfono celular prepago que no estuviera registrado a nuestro nombre y que no dejáramos ningún mensaje de texto ni de voz. Nos informó que el mantener relaciones sexuales

sin protección y embarazar a una muchacha tenía conse-
cuencias, en especial en la ciudad de Nueva York, y que el
estado de Nueva York podía penalizarnos con una cuota
alimentaria de hasta U$S 75.000 por mes si ganábamos el
sueldo promedio de la liga, de U$S 5 millones. Nos instó
a tomar precauciones porque había muchas chicas por ahí
que andaban detrás de nuestro dinero».

A pesar de la amenaza de los juicios por paternidad, de
las enfermedades de transmisión sexual, y del vacío que se
asocia con una actitud de *ámalas por una noche y abandóna-
las*, la fácil disponibilidad de mujeres enrumbaba a muchos
jugadores de la NBA por un sendero descendente, «como
el buey que va camino al matadero», o «como el ciervo que
cae en la trampa», según lo señaló el hombre más sabio que
jamás haya vivido, el rey Salomón, en Proverbios 7:22. Es
por eso que necesitamos orar por aquellos que se mantienen
firmes (los Jeremy Lin de hoy) y así también por aquellos
que parecen no poder resistir el atractivo del mundo que los
rodea.

«La mayoría de las personas se olvida que hablamos de
muchachos que están en sus tempranos veinte», señaló Jeff
Ryan, el capellán de los Orlando Magic. «Cuando récordamos nuestros propios veinte años (y yo me acuerdo de los
míos), nos damos cuenta de que no siempre hicimos la elección correcta. Yo tuve la fortuna de no enfrentar las tentaciones que estos muchachos enfrentan. Recuerden, ellos
constituyen un blanco. Algunos lo manejan bien, y otros no.
Desafortunadamente, demasiados muchachos quedan atra-
pados por esta cuestión de las mujeres y se les da vuelta
la cabeza. Llegan a la liga con la mejor de las intenciones,
esperando ser fieles, deseando ser fuertes, pero ceden a la
tentación. Es como cuando mi médico me señala aquello

que no debo comer. Cada tanto me voy a comer algo de eso, de todos modos. Creo que eso es lo que les sucede a muchos de estos muchachos. Saben que no deben, pero ceden».

Durante nuestras entrevistas, Jeremy me dijo que su mamá y su papá le advirtieron acerca de las tentaciones que encontraría en la NBA. «Me dijeron: "Sé inteligente. Va a haber chicas que se te tiren encima, así que sé inteligente". Típica advertencia de padres», señaló Jeremy. «También me récordaron que en primer lugar me asegurara de cuidar mi relación con Dios».

«¿Entonces es fácil o difícil ser cristiano dentro de la NBA?», le pregunté a Jeremy luego de haber terminado su temporada como novato.

«No quiero decir que haya sido fácil, pero no fue tan difícil como yo pensaba. Me ayudó el tener un par de compañeros de equipo que eran cristianos firmes: Stephen Curry y Reggie Williams. Íbamos juntos a la capilla antes de los partidos y ocasionalmente manteníamos conversaciones referidas a nuestra fe, así que eso decididamente ayudó. Yo rendía cuentas ante un pequeño grupo, en mi casa. Y jugando para los Warriors, estaba en mi casa, así que asistía a la iglesia de mi ciudad cada vez que podía. Tenía a mi pastor, Stephen Chen, y también mi pequeño grupo».

El tener cerca a su familia hizo que la transición hacia los pros fuera mucho más fácil, me dijo Jeremy. Pero la parte difícil fue no seguir ningún tipo de ritmo o rutina.

«Como sabes, no es fácil asistir a la iglesia, y el programa es muy loco. Muchos de los domingos tuve que escuchar los sermones por computadora. Esos sermones no siempre eran de mi propia iglesia sino de toda una variedad de lugares. Mi papá me grabó un puñado de sermones en un CD, de modo que pudiera llevar una pequeña caja con todos los sermones. Los devocionales formaban una parte importante de mi camino; eran solo momentos de quietud en cuartos de hotel».

Le pregunté a Jeremy sobre aquellos períodos libres que pasaba en los cuartos de hotel, dado que se producen un montón de espacios de inactividad en la NBA durante las largas giras, que pueden durar entre cinco y ocho días.

«Sí, yo conté con más tiempo libre este año y más tiempo para pasar con Dios de lo que nunca antes tuve», me dijo. «Ese es uno de los aspectos que hizo las cosas más fáciles comparado con la asistencia a la universidad, donde uno tiene que levantarse, ir a las clases, realizar las prácticas, y luego atender las tareas de estudio e ir a dormir. Ahora contaba con más tiempo libre, dado que ya no estaba en la facultad».

«¿Y qué me dices de las tentaciones?», le pregunté. «Imagino que una de las dificultades que presenta el jugar en la NBA es la cantidad de mujeres que andan rondando el hotel, de toda la gente que trata de ponerse en contacto para hablar y de otras cosas por el estilo».

«Sí, eso es absolutamente cierto, pero no fue en realidad un tema para mí porque yo no salí mucho. Y además, había muchachos de mi equipo con los que salía, y nosotros teníamos un estilo de vida diferente, así que eso no representó un problema mayor. Está allí, por su puesto, si uno lo desea, pero yo elegí sacarlo del juego. Una vez que uno toma una postura con respecto a algo desde el comienzo, todos lo respetan y no molestan acerca de ello».

Resumiendo

Luego de andar rebotando de Reno a Oakland ida y vuelta, Jeremy terminó las últimas dos semanas de la temporada con el club madre, y acabó con una nota muy destacada en el partido final de los Warriors, a mediados de abril, marcando 12 puntos y jugando 24 minutos en lo que fue una victoria sobre los Portland Trailblazers. Cuando se hace un recuento total, aparece que él solo jugó en veintinueve de los partidos del Golden State, equipo luchador que terminó con 36 victorias y 46 derrotas.

¿Y cuál era su propia evaluación de su temporada como novato?

«La gente no me cree cuando digo que la temporada como novato fue el año más difícil de mi vida, pero así fue». Como un eco de las palabras que me había dicho cuando hablamos sobre su descenso al Reno, resumió la temporada de este modo: «Realmente precisaba aprender a someter mi voluntad a la de Dios y a confiar en él mientras atravesaba situaciones que pensaba que probablemente fueran injustas, o tenía que enfrentar cosas que hubiera deseado que resultaran diferentes. Aprendí a apoyarme en Dios y a pasar más tiempo con él cada día. Leí mucho y oré mucho, y a través de eso experimenté un gran crecimiento».

Jeremy había firmado un contrato por dos años con los Golden State Warriors, así que tenía muchas expectativas en cuanto a que el equipo continuara manteniéndolo, le permitiera más tiempo de juego y lo ayudara a convertirse en el mejor jugador que pudiera llegar a ser.

La forma en que se desenvolvieron los acontecimientos fue graciosa.

Capítulo 5

PARO FORZOSO

La huelga de la NBA en 2011 fue la cuarta en la historia de la liga y casi le costó la temporada del 2011/2012. Así fue como sucedieron las cosas: la suspensión de 161 días comenzó el 1 de julio de 2011, y terminó el 8 de diciembre del mismo año. La huelga demoró el inicio de la temporada regular, llevándolo del 1 de noviembre al 25 de diciembre, día de Navidad, y la redujo de 82 partidos a 66.

Durante ese paro, Jeremy no pudo entrar a las relucientes instalaciones de entrenamiento que tienen los Warriors en el centro de Oakland. Ni se le permitió ningún tipo de contacto con los entrenadores, preparadores o miembros del personal. Dependía de Jeremy el mantenerse en forma, pero a él no le faltaron ni motivación ni determinación. Trabajó con más firmeza que nunca para estar listo cuando la NBA reiniciara sus actividades.

Su programa fue el material del Equipo 6 de la Fuerza de Operaciones Especiales de la Marina de Estados Unidos (Navy SEAL):

- 10:00 a 11:00 a.m. entrenamiento de agilidad
- 11:00 a.m. hasta el mediodía: entrenamiento con peso

- 1:00 a 2:00 p.m.: trabajo de lanzamiento con un entrenador privado
- 2:00 a 4:00 p.m.: trabajo individual[1]

Colocó en YouTube videos de sus maniáticos entrenamientos en la cancha y en la sala de pesas con el entrenador Phil Wagner. Esa ejercitación dio resultados. Casi triplicó la cantidad de flexiones —lagartijas— (de 12 a 30), además duplicó el peso que podía levantar en las sentadillas (de 50 a 104 kg), le añadió 5,4 kg de músculos a su estructura de 90 kg, e incrementó su salto vertical en casi 9 cm.

También trabajó sobre un problema que tenía en la forma de lanzar, que arrastraba desde el octavo grado. Doc Scheppler, el entrenador de básquet de las chicas en la escuela Pinewood High School, de Los Altos Hills, notó que él llevaba el balón demasiado atrás de su cabeza, esto perjudicaba el ritmo del lanzamiento. Scheppler le enseñó cómo «cargar» su disparo de forma rápida y soltar el balón en el momento cúspide de su salto. Practicaban noventa minutos por día, tres o cuatro veces por semana, realizando entre 500 y 600 disparos por sesión.

«La lección aquí es esta», le dijo Scheppler. «Si no te gusta la manera en que te están saliendo las cosas en un deporte, no llores al respecto. No te vayas a quejar al entrenador. Haz algo al respecto»[2]. Durante el proceso, Jeremy se reinventó a él mismo, lanzamiento tras lanzamiento, y kilogramo a kilogramo.

Mientras tanto, mantenía un ojo en las últimas noticias acerca de las negociaciones contractuales entre los dueños de la NBA y la unión de jugadores. A medida que iba pasando cada «fecha tope» sin que se arribara a un acuerdo, ambos bandos se acercaban cada vez más a lo impensable: la cancelación de toda la temporada.

En el último intento se llegó a un acuerdo, el 25 de noviembre de 2011. David Stern, el comisionado de la NBA, anunció que la primera práctica sería el viernes 9 de diciembre, con una apertura oficial de la temporada el día de Navidad.

Jeremy llegó a las instalaciones de Oakland para el primer día de práctica y se colocó el uniforme. Acababa de conocer a su nuevo entrenador, Mark Jackson, que nunca lo había visto jugar. Sin lugar a dudas, Jeremy sintió una creciente presión al tener que demostrar otra vez quién era.

Había comenzado a relajarse cuando se le dijo que el gerente general, Larry Riley, quería verlo. Los Warriors ni siquiera habían comenzado con sus ejercicios de penetración en bandeja.

Cuando uno ha visto la película de Brad Pitt *Moneyball*, sabe que cuando el gerente general pide verlo, eso no es una buena noticia. Esta ocasión no fue una excepción.

«Jeremy, la organización de los Warriors ha decidido dejarte libre. Creemos que puedes entrar en la lista de jugadores libres y entonces te recuperaremos».

A pesar de todo el perfume que Riley roció en el aire, ese dictamen apestaba. Estaban dejando que Jeremy se marchara, lo cortaban del equipo, quedaba en libertad. Hasta donde sabía, su corta carrera en la NBA había llegado a su fin.

Es aquí que el aspecto «comercial» del basquetbol profesional puede convertir el sueño de un jugador en una pesadilla en un abrir y cerrar de ojos. Lo que había sucedido era que la dirigencia del Golden State había tomado la decisión bien calculada de intentar conseguir al pívot de Los Angeles Clippers, DeAndre Jordan, un jugador independiente, para apuntalar un tremendo hueco en el poste bajo. Pero para hacerle una oferta que Jordan no pudiera rechazar, los Warriors tenían que mejorar su capacidad de pago de salarios. Eso significaba hacer algunas movidas de tablero: dejar libre a Jeremy, usar la cláusula de amnistía con el veterano base Charlie Bell, y demorar la contratación de dos novatos que les gustaban, Klay Thompson y Jeremy Tyler. Entonces, bajo la cubierta de las reglas salariales, el equipo tendría el dinero suficiente para incorporar al pívot que necesitaban desesperadamente.

Una vez que Jordan fuera contratado, se sellara y se emitiera el pronunciamiento, los Warriors podrían recuperar a Jeremy, si es que ningún otro equipo hubiera solicitado sus servicios.

El mismo día (9 de diciembre) en Nueva York sucedía algo importante para la historia de Jeremy. Los Knicks rescindieron el contrato del veterano base Chauncey Billups, y firmaron con el pívot Tyson Chandler, dejando al equipo sin más espacio y sin un verdadero base.

Tres días después, Los Houston Rockets eligieron a Jeremy, de modo que *no podía* volver al equipo de su infancia. Para colmo de males, el dueño de los Clippers, Donald Sterlin (un reconocido tacaño) igualó la ya demasiado generosa oferta de Golden State de U$S 43 millones por cuatro años a DeAndre Jordan, lo que significaba que el maltratado pívot se quedaba en Los Angeles.

Hablemos de los daños colaterales. La jugada del Golden State les había estallado en la cara, y Jeremy estaba comenzando de nuevo en Houston, con un nuevo equipo.

Jeremy llegó a Space City para descubrir que tenía que sacar un número y esperar su turno para poder ser observado por los entrenadores. Los Rockets estaban abarrotados de bases, y Jeremy tuvo dificultades para lograr la repetición de sus prácticas. En dos partidos con los Rockets, previos a la temporada, estuvo en la cancha un total que apenas si llegaba a los 8 minutos.

«En ese momento pensé que si esto no funcionaba, tal vez necesitaría tomarme un descanso del básquet», le dijo Jeremy a Marcus Thompson II del *Silicon Valley Mercury News*. «Había dedicado cuatro meses al entrenamiento. Sentía que había trabajado más duro que cualquier otro. Y ahora estaba peleando por una oportunidad de practicar. Me lo cuestioné todo»[3].

Entonces, el día de Nochebuena, Jeremy se despertó para descubrir un carbón encendido debajo de su árbol: Houston prescindía de él, lo dejaba ir. En esta ocasión el gerente general, Daryl Morey, fue el portador de las malas noticias, y no trató de colocar ungüento sobre la herida diciéndole a Jeremy que esperaba tenerlo de vuelta. Su explicación fue que los Rockets necesitaban espacio para contratar al pívot haitiano Samuel Dalembert.

Feliz Navidad, muchacho. La mejor de las suertes.

Este podría haber sido el final de la historia. Sin embargo, Jeremy sabía que la fe es «la garantía de lo que se espera, la certeza de lo que no se ve» (Hebreos 11:1), y que este último zigzag no era ocasión para que dudara de que Dios aún estaba en el control. Era momento de redoblar su confianza y entrega al Señor.

«Lin regresó al área de la Bahía vencido, pero con un renovado propósito. Abandonó la idea de controlarlo todo», escribió Thompson. «Intententaba dejar de preocuparse».

El día después de Navidad, Jeremy despertó en casa de sus padres y tuvo su devocional antes de dirigirse al gimnasio para mantenerse en forma. Durante sus prácticas, cada vez que lo asaltaba alguna ansiedad con respecto al futuro, susurraba Romanos 8:28, como para sí mismo: «Sabemos que Dios dispone todas las cosas para el bien de quienes lo aman, los que han sido llamados de acuerdo con su propósito».

Algo bueno estaba a punto de suceder; estaba seguro de ello. Pero Jeremy no tenía idea de que tenía pruebas por delante.

Nueva York, Nueva York

Los Knicks de Nueva York tenían un problema con los bases.

Cuando acabó el paro, el club firmó con Baron Davis, de treinta y dos años, para que fuera su base, aun cuando había tenido una lesión en la espalda que lo mantendría fuera de la cancha hasta fines de febrero. Mientras Davis no pudiera unirse al equipo, los Knicks seguirían adelante con los veteranos bases Mike Bibby y Toney Douglas en la punta e Iman Shumpert como escolta. Bill Walker (1,98 m) y Landry Fields (2 m) eran aleros que podían jugar en la zona de defensa también.

Pero entonces, en el día de Navidad, cuando se abría la temporada, jugando contra los Celtic de Boston, Iman Shumpert se enredó en el poste bajo y se lesionó la rodilla derecha. Luego del partido, el grupo de médicos denominó a aquella lesión un esguince del ligamento medio colateral y dijeron que Shumpert necesitaría entre dos y cuatro semanas para recuperarse.

Los Knicks tenían solo dos bases.

John Gabriel, el director encargado del reclutamiento y de conseguir jugadores independientes, señaló que todos los equipos que buscaban un base tenían algún jugador en mente. «Uno quiere a alguien de buen tamaño. Que pueda realizar lanzamientos abiertos y que sea bueno en defensa. El liderazgo busca alguien que ande bien dentro del sistema de Mike», me dijo, haciendo referencia al jefe de los entrenadores, Mike D'Antoni. «Eso incluye el efectuar lanzamientos, correr la cancha, ser capaz de trasladar el balón durante la transición, y asimismo defender. Son los atributos clave deseados».

Que ubiquen a Magic Johnson.

Desafortunadamente, Magic no es estaba disponible. Tampoco Michael Jordan ni Oscar Robertson. El gerente general de los Knicks, Glen Grunwald, y su asistente Allan Houston buscaron en la lista de los jugadores libres para ver quiénes estaban disponibles: y el nombre de Jeremy Lin figuraba allí.

En realidad, Jeremy no era un total desconocido para el personal de la oficina central de los Knicks. Había estado en el radar de los Knicks durante algún tiempo después del ruido que había hecho en Harvard.

«Nos gustó», dijo Grunwald. «Trabajamos con él en borrador. Mantuvimos conversaciones con Golden State mientras él estuvo allí. Era una oportunidad poder conseguirlo precisamente cuando necesitábamos alguien que tuviera su conjunto de habilidades»[4].

Lo que el cerebro de la organización de los Knicks vio en Jeremy al desglosar el video fue más capacidad atlética de la que pensaba. Él era bueno para tomar decisiones sobre cuándo avanzar o no. Valía la pena asumir el riesgo.

El 27 de diciembre, el equipo solicitó a Jeremy, sacándolo de la lista de jugadores libres, para llenar el vacío de un base de repuesto, lo que impulsó al entrenador Mike D'Antoni a decir: «Sí, escogimos a Jeremy Lin de entre los jugadores que estaban libres como un base de reserva, en caso de que lo necesitemos. Siempre nos gustó como jugador, así que veremos cómo nos va».

La reacción entre los medios neoyorquinos fue un poco apagada. «La ofensiva de los Knicks no tuvo mucho empuje el martes, pero su calificación media colectiva sí», olfateó el escritor de esa área, Sean Brennan, del *New York Daily News*, haciendo referencia a la nueva adquisición proveniente de la Liga Ivy que tenían en su medio[5].

Jeremy no lo veía de esa manera. Actualizó su cuenta de Twitter con este mensaje: «Estoy agradecido a Dios por la oportunidad de ser un New York Knick! ¡Es tiempo de buscar los abrigos de invierno que usé en la universidad (risas)!».

Estaba de regreso en la NBA, pero su contrato no estaría garantizado hasta el 10 de febrero. Hasta esa fecha, se lo podía separar en cualquier momento, así que no había razones para andar buscando un penthouse en la Quinta Avenida.

Afortunadamente, para esa época su hermano mayor, Josh, vivía en Manhattan, y asistía a la Universidad de Nueva York como estudiante de odontología. Josh y su esposa Patricia habían establecido su hogar en un apartamento con un solo dormitorio, en el bajo Lado Este, así que Jeremy no tuvo problemas en dormir en el sofá.

Durante esos primeros días necesitó sostener algunas conversaciones cuando se acercaba a la entrada de jugadores antes de los partidos en que jugaban de locales. «Cada vez que intento entrar al Madison Square Garden, los guardias de seguridad me preguntan si soy un entrenador (risas)», escribió en Twiter[6].

La creciente marea de los medios sociales

Dado que es un hijo del milenio, y creció en Silicon Valley con padres que trabajaban en alta tecnología dentro de la industria cibernética, es probable que Jeremy haya adoptado tempranamente la tecnología. Ha estado colocando sus propios videos en YouTube desde sus años de universidad en Harvard y tiene más de 100.000 subscriptores a TheJLin7, su canal oficial en YouTube.

Escribe en Twitter tres o cuatro veces por semana a sus 600.000 seguidores. Tiene muy en claro cuando se trata del uso de los medios sociales. El avatar de su Twitter muestra una ilustración de un Cristo con vestiduras blancas sentado en un banco junto a un joven en una escena pastoral. Un gran bolso marinero y una bolsa de dormir aparecen en el suelo, cerca del banco, lo que implica que el joven puede ser alguien sin hogar. La significativa leyenda debajo de la ilustración dice lo siguiente: «No, no estoy hablando acerca de Twitter. Literalmente quiero que me sigas» —Jesús[7].

Se puede seguir a Jeremy en Twitter en @JLin7 (el número 7 es el viejo número de los días de los Golden State Warriors).

Jeremy estaba estacionado al final del banco, como si un cepo le estuviera apretando las zapatillas Nike. D'Antoni raramente hacía una llamada a su número, que era el 17. Su número favorito no estaba disponible porque un jugador del equipo, Carmelo Anthony, que era el que aparecía en las marquesinas, ya lo tenía. Durante una conferencia de prensa el fin de semana de Todas las Estrellas de la NBA, Jeremy dijo que había escogido el 17 porque el número 1 lo representaba a él y el 7 a Dios. «Cuando fui a la Liga D, yo tenía el número 17, así dondequiera que iba Dios estaba justo a mi lado. Y es por eso que me mantengo con el 17»[8].

Desde el 28 de diciembre hasta el 16 de enero, Jeremy jugó 16 minutos en 12 partidos, marcando un total de 9 puntos. Dado que los Knicks perdían más de lo que ganaban, no había manera de que Jeremy pudiera meterse en un fluir ofensivo durante los últimos minutos del partido, cuando el resultado ya estaba decidido y el juego era caótico e improvisado. No podía aprender el sistema de D'Antoni porque se habían programado solo unas pocas prácticas en esa temporada tan contraída.

El 17 de enero, Jeremy fue bajado de categoría a la Liga D, para jugar con los Erie BayHawks, el equipo afiliado a los Knicks que estaba en desarrollo.

¡No otra vez!

Acerca de este giro de los acontecimientos, Jeremy dijo: «No tuve oportunidad de probar mi valía. Decididamente, en mis oraciones me preguntaba algo así como: "¿Qué es lo que está sucediendo?". Mi carne constantemente me tironeaba. Quejas. Llanto. Quejas. Llanto. Pero otra parte de mí pensaba: "Mi Dios es todopoderoso"... ¿Por qué siquiera dudo de Dios? Por otro lado, este es un proceso en desarrollo»[9].

Por lo menos Jeremy logró jugar. En su debut con los BayHawks contra los Maine Red Claws el 20 de enero, Jeremy estableció un triple doblete: 28 puntos, 12 asistencias y 11 rebotes. Jugó 45 de los 48 minutos y repetidamente les ganó a los defensores a través de un primer paso o arranque extremadamente rápido.

Los reclutadores de los Knicks quedaron impresionados, y deberían estarlo. Jeremy inmediatamente fue llamado de vuelta a Nueva York, donde la temporada iba perdiendo el rumbo con rapidez. Por el resto de enero y principios de

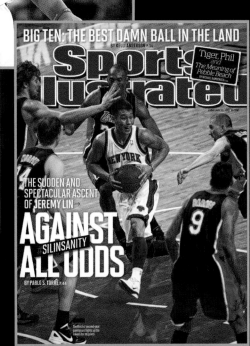

¿Cuán extraña es esta doble imagen? Desde 1990, solo otros 11 atletas han adornado la tapa de Sports Illustrated, la revista de deportes más importante del país, durante dos semanas consecutivas.

Luego de que su largo salto marcara la diferencia, dándole una victoria de 90 a 87 a los Knicks sobre los Toronto Raptors, el 14 de febrero de 2012, un gozoso Jeremy señala hacia el cielo. Nótese su muñequera naranja, que dice: «En el nombre de Jesús es que juego».

Imagen por: Frank Gunn/ The Canadian Press/AP Images

febrero, las derrotas se amontonaron como las pilas de nieve. Seis derrotas al hilo. Un partido ganado. Nuevamente tres pérdidas al hilo.

Mike Bibby y Toney Douglas llevaban a cabo un juego muy pobre. Baron Davis todavía estaba afuera. Iman Shumpert mostraba muy pocas aptitudes para el puesto de base. Entonces Carmelo Anthony, el principal marcador de tantos del equipo, sufrió una lesión en la ingle y parecía que iba a quedar afuera durante seis semanas. Claramente no quedaba quien manejara el balón ni un catalizador de la ofensiva en el equipo de los Knicks. Jeremy seguía siendo el hombre olvidado en el banco.

El sábado 4 de febrero, en el medio tiempo de un partido local contra los New Jersey Nets, Carmelo Anthony, la estrella lesionada (vestido con ropa de calle) llamó al entrenador D'Antoni aparte en el vestuario y le sugirió que hiciera jugar más a Jeremy. Que viera lo que el muchacho podía hacer. ¿Qué se podía perder? Los Knicks habían sido derrotados en cinco de sus seis partidos previos y estaban en una crisis perdedora de 2 a 11.

Jeremy jugó como si estuviera de nuevo con los Erie BayHawks: agresivamente, como si perteneciera a la NBA. D'Antoni lo dejó adentro, y Jeremy se apoderó de las riendas del liderazgo. Marcó 25 puntos, atrapó 5 rebotes y repartió 7 asistencias para llevar a los Knicks a una victoria de 99 a 92.

A D'Antoni le gustó lo que vio: un verdadero base llevando adelante una demostración ofensiva. «Tú comienzas el lunes por la noche», le dijo al jugador del segundo año.

La Lin*sanity* estaba a punto de desatarse sobre un público desprevenido.

Capítulo 6

MILAGRO CERCA DE LA CALLE 34

El lunes 6 de febrero, la mañana que marcó el comienzo de Jeremy en la NBA contra los Utah Jazz, el responsable de la página Web de los Knicks realizó algunos cambios en el sitio Web del equipo. El rostro sonriente del joven Jeremy Lin saludaba desde el fondo de la pantalla a los visitantes. El departamento de marketing envió un correo electrónico publicitario con la palabra «¡Lin*sanity*! en el espacio correspondiente al asunto.

Los Knicks andaban escasos de jugadores. No contaban con Amar'e Stoudemire, ausente por duelo debido a la muerte de su hermano mayor Hazell en un accidente automovilístico en la Florida. Carmelo Anthony había intentado jugar, pero tuvo que abandonar el partido luego de seis minutos a causa de un problema en la ingle derecha.

Tiempo de dar un paso adelante.

Jeremy estableció el *tempo* otra vez con un sorprendente dribleo y acertados lanzamientos al aro. Un hábil cambio de la mano en el aire para entrar en bandeja invertida incitó a la hinchada local de los Knicks a cantar «¡MVP!, ¡MVP!» (siglas en inglés que indicaban que era el jugador más valioso). Obviamente habían quedado con un deseo de seguir celebrando después de alentar a sus amados New York Giants a alcanzar la victoria en un partido que debieron remontar contra los New England Patriots el día anterior en el Super Bowl XLVI.

Jeremy consiguió un logro importante al marcar 28 puntos jugando contra Utah, esto demostró que su actuación de 25 puntos contra los New Jersey Nets no había sido una casualidad. El hecho de que Jeremy orquestara una victoria ante un equipo decente atrajo la atención de la liga. Y esa iba a ser una semana muy atareada para los Knicks. El miércoles hicieron un corto viaje por tierra para jugar con los Washington Wizards, luego regresaron a casa para recibir a los Lakers, liderados por Kobe, el viernes por la noche, a lo que le siguió *otro* viaje por tierra hacia Minnesota a jugar con los T-Wolves el sábado por la noche.

Nada azul en este muchacho

Una página titulada «La lengua azul de Lin» hizo su aparición luego de que las cámaras de la NBA TV lo captaran sacando la lengua (a causa del entusiasmo) cuando estaban logrando la victoria sobre los Utah Jazz. Y allí se vio: tenía una franja azul en aquel órgano muscular carnoso de su boca.

Me pregunto si a causa de esto no habrán volado de los estantes las cajas de la bebida hidratante Gatorade G2 de arándano y granada.

John Wall esperaba a Jeremy en la capital de la nación. ¿Lo recuerdan? Él resultó el primer elegido en el reclutamiento del 2010; y Jeremy se convirtió en su frustración en el último partido de la Liga de Verano, aquel partido en el que Jeremy jugó impecablemente y logró un lugar dentro de la nómina de los Golden State Warriors.

Esa noche Jeremy era marcado de cerca por Wall. Jeremy realizó un rápido drible cruzado y pasó al defensor, que quedó como si sus zapatillas estuvieran clavadas al piso. El camino se despejó como si se hubiera abierto el Mar Rojo. En lugar de decirle adiós al balón a través de un lanzamiento, Jeremy se elevó y con una mano realizó una volcada que despertó el entusiasmo de la multitud local de los Wizards.

«Creo que se desordenaron en cuanto a la marca defensiva», dijo Jeremy después del partido[1].

Hay que anotar la primera doble victoria de Jeremy: 23 puntos y 10 asistencias, en un partido ganado 107 a 93.

Se estaba formando un tsunami. Todavía no asomaba la cresta de esa ola. Eso sucedería dos días después, cuando Kobe y los Lakers llegaran al Garden. Por ahora, «la casualidad no parecía tan casual», según escribió Howard Beck en el *New York Times*. «La aberración no se desvanece. Lin no vuelve al término medio, sea lo que fuere que se suponga que es ese medio»[2].

Examen parcial

Y entonces aparecieron Los Angeles Lakers en la Gran Manzana para jugar un partido el viernes por la noche que ya chisporroteaba por anticipado.

Allí se aprontaban dos notorias franquicias procedentes de dos de las ciudades más populosas de la nación y se ponían en guardia; y el guión argumental de Jeremy versus Kobe era demasiado importante como para ser pasado por alto por las docenas de redactores y productores de noticias de televisión que cubrían las victorias de los Knicks.

Luego de haber sido encendida la mecha de la Lin*sanity*, seguramente Jeremy sería puesto en su lugar por el gran Kobe Bryant. Con toda seguridad la estrella de los Lakers, de 33 años, había tenido noticias de la Lin*sanity* y le iba a mostrar a ese novato una o dos cosas. Por cierto, Jeremy no seguía durmiendo ya en el sofá de su hermano.

En verdad, ya no. Ahora dormía en el sofá de su compañero de cuarto Landry Fields. La noche anterior al partido en el que irrumpió contra los New Jersey Nets, Jeremy se encontró sin casa. El confortable sofá en él que había recostado su cabeza en el hogar de su hermano y su cuñada en el Bajo Lado Este había sido reservado por unos amigos que llegaban para una fiesta.

Landry se enteró de la situación apremiante de Jeremy y le dijo que podía quedarse a dormir en su casa en White Plains, Nueva York, cercana a las instalaciones de entrenamiento de los Knicks. Landry contaba con un lindo sillón marrón grande en su sala. Un televisor de pantalla plana, un refrigerador y el baño estaba a solo unos pasos. ¿Qué más necesitaba un soltero?

Una vez que los Knicks habían comenzado a lograr victorias, no había manera de que Jeremy o Landry cambiaran la rutina con la que habían venido ganando. Jeremy dormiría en ese sofá, lo quisiera o no.

Y ahora se avecinaba la cita con Kobe Bryant (el jugador con el que Jeremy compartía la fecha de cumpleaños) en el mismo corazón de Manhattan. Era difícil describir la manera en que el aparato mediático norteamericano y global enfocaban sus lentes sobre el Madison Square Garden esa noche. Tenían a mano toda una galaxia de celebridades, que incluía al director de cine y fanático de los Knicks, Spike Lee, al actor Ben Stiller, al ex luchador y actor Dwayne «La Roca» Johnson, y a Justin Tuck, el defensor de los New York Giants.

Era mucho (realmente mucho) lo que se le había puesto sobre los vigorosos hombros a Jeremy Shu-How Lin. Podía ganarlo todo o perder mucho, por eso nos encanta lo que hizo esa noche. Tenía toda la presión, todo el despliegue publicitario, todos los micrófonos, todas las cámaras examinando cada movimiento de sus músculos; y Jeremy ni parpadeó ante ellos.

Quiero decir que marcar 38 puntos sobre Kobe y los Lakers parecía algo ridículo. Él lo hizo todo, incluyendo marcar 9 de los primeros 13 puntos del equipo para ayudar a los Knicks a crear una ventaja importante. A los analistas les gusta llamar a eso «hacer una declaración». Clavó algunos lanzamientos en elevación, realizó un hábil movimiento de giro sobre Derek Fisher para derrotarlo en el aro, y sacó un tiro de tres puntos por la izquierda desde la línea de fondo. Kobe casi lo alcanzó, marcando 24 de sus 34 puntos durante la segunda mitad; pero Bryant finalmente salió del Garden del lado perdedor, con una victoria de los Knicks de 92 a 85.

Hubo un momento revelador en el que la antorcha de la popularidad pudo haber pasado de manos. Derek Fisher había estado custodiando a Jeremy, pero en esa posesión del balón, Kobe y Jeremy corrieron la cancha juntos. Kobe estiró el brazo y colocó su mano sobre el cuerpo de Jeremy. Esa fue una manera sutil pero eficaz de Kobe de establecer un dominio defensivo y de poner a Jeremy en una posición servil.

Jeremy, sin titubeos, rápida y firmemente se sacó la mano de encima, como si le dijera: «Hay un nuevo sheriff en la ciudad».

Jeremy demostró en esa semana, al derrotar los Lakers de Kobe Bryant, que todo esto no era solo casualidad. Se lo llamaba el «Tebow Taiwanés» por la forma en que impactaba a sus compañeros de equipo y los potenciaba en el juego, y por el modo directo y serio en que hablaba luego de su fe.

El despliegue publicitario que rodeaba a Jeremy seguía creciendo. Él era auténtico. El muchacho era verdadero. Con la victoria sobre los Lakers, tenía cuatro partidos seguidos con un mínimo de 20 puntos y 7 asistencias por juego. En la historia de la NBA (desde la fusión de la NBA con ABA, en 1976) ningún jugador había marcado tantos puntos en sus cuatro partidos iniciales.

Y lo que es más importante, Jeremy había aceptado el desafío de derrotar a una de las franquicias más importantes en su primer partido televisado.

Una vida propia

Habiendo despachado a Kobe Bryant y a los Lakers, los neoyorquinos no podían dejar de hablar sobre Jeremy Lin, y los escritores de los titulares no podían evitarlo tampoco.

Caballeros, inicien sus juegos de palabras.

Los titulares se podrían calificar de buenos, malos y hasta patéticos:

- «Lecciones Lin*sanity* de Lin*sanity*» (Huffington Post)
- «La Cenicienta nacida en Norteamérica está orgullosa de China» (NPR)
- «Solo tiempo para Lin: el fenómeno salvador de la temporada de los Knicks» (*Chicago Tribune*)

- «Nunca más Lin*visible*; la sensación de los Knicks tan solo necesitaba una oportunidad» (*San Diego Union-Tribune*)
- «Willis Reed, la leyenda de los New York Knicks presta su Lin*do-apoyo*» (ESPN)
- «Lin*ternacional* casa de los *fan*queques» (sbnation. com)
- «¿Es el súper Lin*tendo* solo un despliegue publicitario o algo auténtico?» (The Renegade Rip)

La Lin*sanity* aun invadió los púlpitos los domingos por la mañana. El reverando John Lin (que no tiene relación alguna con Jeremy, pero al que aun así se le hicieron bromas por compartir el mismo apellido del hijo favorito de Nueva York) comenzó su sermón en la iglesia Redeemer Presbyterian de la calle 68 Este, anunciando que iba a enseñar sobre la encarnación según el Evangelio de Mateo.

«O, si son fanáticos de los Knicks, pueden llamarla Lin*carnación*» señaló con ocurrencia[3].

Y esa era la punta del proverbial iceberg. Dado que existen veintisiete páginas con palabras que comienzan con el prefijo *in* en el diccionario *American Heritage Dictionary*, y yo pude contar un promedio de cuarenta palabras por página, eso significa que hay aproximadamente 1.080 combinaciones entre las que elegir si uno desea divertirse usando *Lin como opción*.

«Yo no sabía cómo convertir el *Lin* en tantas cosas, porque nunca lo había hecho antes», le dijo Jeremy a Kevin Armstrong del *New York Daily News*. «Mi familia y yo solo nos reímos. Creo que hemos subestimado la creatividad de la gente»[4].

Pienso que va a pasar bastante tiempo hasta que veamos el último juego de palabras referido el apellido de Jeremy;

y los medios van a colgarle al cuello cada nueva variación como un abrigo de precalentamiento de los Knicks. Ciertamente esto ha adquirido una vida propia, y todo lo que se puede hacer es sonreír y usarlo.

¿Entendiste, Jeremy? Los mansos heredarán la tierra.

Sábado a la noche, en vivo desde Nueva York

Uno sabe que se encuentra en la cúspide de la cultura popular cuando el programa *Saturday Night Live* [Sábado a la noche, en vivo] presenta un sketch jocoso sobre uno. Y ese fue el caso de Jeremy luego de que puso a Manhattan cabeza abajo:

Conductor N° 1 (hablando normal): Desde el set de «New York Sports Now», soy Dan Mardell, con nuestro informe especial sobre el base de los Knicks, Jeremy Lin, y la Lin*sanity* que lo rodea. A pesar de la derrota de los Knicks ante Nueva Orleans, la Gran Manzana todavía está en medio de Lin*vasión* de Jeremy Lin. Gente, ¿ustedes también sufren de Lin*sanity*?

Conductor N° 2 (entusiasmado): Será mejor que me encierren. ¡Soy un criminal Lin*sano*!

Conductor N° 3 (muy entusiasmado): ¡Mis sentimientos son realmente Lin*tensos*!

Conductor N° 4 (entusiasmado en exceso): ¡Esto es Lin*descriptible*! Lo digo en serio, ¡estoy literalmente enamorado de este Jeremy Lin!

Conductor N° 1 (hablando normal): Estoy de acuerdo en que nunca nos cansaremos de los juegos de palabras.

Conductor N° 4 (aún entusiasmado en exceso): Como diría Charlie Sheen, ¡Lin*ning*![5]

Un nuevo ritual previo al partido

Los Knicks enfrentaron un reto después de la victoria sobre los Lakers: subirse al avión del equipo y volar a Minneapolis para jugar un partido la noche siguiente. Previo al inicio del juego, Jeremy y Landry Fields, su «compañero de cuarto», llevaban a cabo un ritual único que habían probado en contra de los Washington Wizards cuatro días antes.

Mirándose el uno al otro frente al banco de los Knicks, Jeremy fingía hojear un libro imaginario que Landry sostenía en sus manos. Entonces los dos fingían sacarse los anteojos de leer, que colocaban dentro de un estuche protector que tenían en el bolsillo. Esa rutina acababa con los dos jugadores apuntando simultáneamente al cielo.

De acuerdo, no es algo tan dramático como LeBron James arrojando talco al aire, pero resulta muy gracioso. Más de un bloguero imaginó que se trataba de algún tipo de ridículo apretón de manos entre «nerds» devoradores de libros, en el que estaban involucrados un graduado de Harvard y un ex estudiante y atleta de Stanford. En realidad tenía mucho más significado que ese.

Landry Fields dijo que en los comienzos de Jeremy, ambos tenían que inventar algo, dado que todos hablaban sobre la conexión Harvard/Stanford que existía entre los dos. «Así que quisimos salir y hacer algo que fuera alegre y no muy serio», dijo.

El libro no es un texto universitario, señaló Landry, sino la Palabra de Dios. «Es una Biblia, porque después de todo, por eso estamos jugando. Y también es por eso que señalamos hacia el cielo al final»[6].

Mientras tanto, el Show de Jeremy Lin se desarrollaba fuera de Broadway. Jeremy marcó 20 puntos, alcanzando la meseta de los 20 puntos en el quinto partido consecutivo, y su lanzamiento libre con un tiempo restante de 4.9 segundos (después de haber errado el primero) les dio a los Knicks una ventaja de 99 a 98 y los llevó a un final de partido de alta intensidad.

Jeremy y el equipo de los Knicks sabían que lo habían logrado en Minnesota. Luego de que Jeremy arrancó con toda la fuerza en la primera mitad con 15 puntos, el hombre que lo marcaba, Ricky Rubio, le mostró por qué él lideraba el robo de balones en la liga. Forzó a Jeremy a realizar múltiples movimientos, y Rubio hasta aplastó uno de sus intentos de penetrar en bandeja.

Pero así como no hay bebés feos, tampoco existe algo así como una victoria fea. Los Knicks habían logrado su quinto triunfo seguido sin Carmelo Anthony ni Amar'e Stoudemire, que estaba con su familia en Florida para el funeral de su hermano.

Desde mi hogar en el sur de California, trataba de hacer lo mejor posible para mantenerme al ritmo de la Lin*sanity*. Noté que finalmente los Knicks habían logrado un respiro, dos días gloriosos, antes de su próximo partido en Toronto contra los Raptors.

El partido no iba a aparecer en ninguno de mis quinientos canales, así que hice lo mejor que se podía hacer: logré sintonizar el *Tiempo de juego de la NBA en vivo* durante el último cuarto.

«Esto es lo que está sucediendo en Toronto», decía el presentador Ernie Johnson, que luego mostró un clip de Jeremy lanzándose hacia el cuello del defensa de los Raptor. Jeremy fue interceptado en su camino por Amir Johnson, de los

Raptor. Se produjo una colisión, y a continuación, Jeremy lanzó con fuerza al aro antes de caer al piso. ¡Una jugada de 3 puntos!

El temerario lanzamiento de Jeremy al cesto desató un furioso peloteo de 17 puntos para asegurar el partido. Quedaba un minuto y cinco segundos de juego.

«¡Buenísimo!», pensé. «He llegado justo a tiempo para ver un final apasionante».

«No podemos mostrarles las siguientes imágenes del partido debido a restricciones contractuales», decía Ernie, como si hubiera estado leyendo mi mente. «Pero los mantendremos informados al instante. En Toronto las cosas están en 87 puntos por bando».

Ernie intentó charlar un poco con el analista Greg Anthony y con Chris Webber, pero Anthony miraba a lo lejos, sin duda observando lo que sucedía en vivo en una cámara monitor.

Pasaron unos diez o quince segundos antes de que Ernie interrumpiera la charla para anunciar una actualización desde Toronto con aquello que *sí podían* mostrar. Lo que visualicé en ese momento todavía está grabado en mi cerebro: Jeremy, dribleando el balón y aproximándose lentamente, dejaba que el cronómetro corriera. La multitud, de unas 20.000 personas, estaba de pie. Un rápido amague, y aun detrás de la línea de tres puntos, Jeremy realizó un tiro al aro en suspensión que voló alto y entró limpiamente a través de la red para darles a los Knicks una ventaja de 90 a 87, faltando 05 segundos.

«¿Esto es una broma?», exclamó E. J. «¿Es una broma? Esta historia se va poniendo más loca cada noche que juegan los Knicks».

Lo había hecho otra vez, pero lo que algunos comentaristas pasaron por alto fue el hecho de que el entrenador Mike D'Antoni no hubiera pedido tiempo muerto después de que los Knicks atraparan un rebote ofensivo cuando faltaban 10 segundos de juego.

En lugar de ello, D'Antoni dejó el balón en manos de Jeremy. Los Raptors les pisaban los talones, habiendo visto desvanecerse una amplia ventaja, y el entrenador de Nueva York reconoció con toda justicia que todo el empuje estuvo de parte de sus muchachos. Total confianza: dejó el balón en las manos de Jeremy.

Y entonces Jeremy clavó la daga en el corazón de los Raptors.

Todos se subieron a bordo rápidamente

Los asientos de la carroza de Jeremy Lin se iban ocupando bastante rápido. Whoopi Goldberg con mucho orgullo se puso una camiseta del equipo local de los Knicks con el número 17 en el programa de televisión *The View*. Sarah Palin, durante una escala en la ciudad de Nueva York, compró una camiseta azul de Lin*sanity*, la que levantó delante de los fotógrafos. Donald Trump, cuando se le preguntó acerca de Jeremy en el programa *Access Hollywood*, declaró que Jeremy era algo grande y auténtico para Nueva York. El cantante Nicki Minaj dijo que él esperaba poder salir con Lin durante el fin de semana de las estrellas. (No creo que haya sucedido).

El presidente Barack Obama dijo que había estado observando de cerca a Jeremy desde hacía mucho tiempo.

«Supe de Jeremy antes que usted o todos los demás lo hicieran», le dice al columnista de deportes Bill Simmons.

Obama explicó que el Secretario de Educación de E.U., Arne Duncan, que jugó basquetbol en Harvard, le había hablado acerca de Jeremy desde que este jugaba con los Crimson durante su último año en la universidad. «Así que he estado al tanto de Jeremy Lin desde hace algún tiempo», dijo el presidente[7].

El columnista William Wong, de San Francisco, percibió todo el amor que fluía hacia Jeremy de ambos lados del espectro político. «Si él puede unir al demócrata Obama con republicanos del ala derecha como Trump y Palin, entonces es probable que este muchacho tenga poderes del otro mundo, que deberían analizarse», escribió[8].

Parecería que todos tienen algo que decir sobre Jeremy. A continuación hay un muestreo de algunas de las mejores citas que he encontrado[9]:

Si uno va quitando una por una las capas, el muchacho conforma una excelente historia. Tiene todas las habilidades requeridas para una buena actuación en la cancha de básquet. Pero el trabajo duro y la perseverancia constituyen aquí el meollo central en términos de aquello de lo que él quiere sacar ventajas. Encontramos aquí un muchacho que ha trabajado, ha estado listo en el momento apropiado, y se ha capitalizado plenamente con ello.

James Brown, analista deportivo de CBS, ex jugador de basquetbol y capitán del equipo en la Universidad de Harvard, involucrado en el ministerio con los jóvenes y desde hace mucho tiempo alguien dedicado a apoyar a la Fraternidad de Atletas Cristianos.

Jeremy Lin está viviendo ahora su propia contradic- ción creativa. Mucha de la ira que se genera cuando la religión se mezcla con el deporte o con la política proviene de que la gente desea negar que esa contra- dicción exista y desea vivir en un mundo en el que haya una sola moral, un solo juego de cualidades y todo sea fácil, limpio y libre de tragedias. La vida y la religión son más complicadas que eso.

David Brooks, columnista de *New York Times*

Lo que me viene a la mente es la película *Carrozas de fuego*. Así que lo que veo cuando considero a Lin es a alguien que encarna esa clase de espíritu. Cuando juega al básquet, en esa forma él experimenta placer, él siente el placer de Dios. No lo hace con ningún otro propósito.

Christine Folch, residente de la ciudad de Nueva York y graduada de la Universidad de Harvard.

Lo que hace genuino a ese muchacho es que pue- de jugar al basquetbol. Ama el competir. Ama los desafíos.

Earvin «Magic» Johnson, Salón de la Fama y ex base de Los Angeles Lakers

De todos los ataques, volcadas y lanzamientos sor- prendentes que Jeremy Lin les está imponiendo a las estrellas de la NBA, ninguno de ellos se compara con la mudanza que está produciendo en toda una colec- ción enorme de gente común. Jeremy Lin ha driblado a los Estados Unidos y lo ha llevado al rincón silencioso

de sus prejuicios casuales y de sus perezosos estereotipos con respecto a los asiático-americanos.

> **Bill Plaschke,** columnista deportivo de *Los Angeles Times*

En un mundo de infinitos datos e interminable obser-
vación, Jeremy Lin nos ha llevado a ampliarnos con
un imprevisto torpedo, disparado desde un submari-
no que ni siquiera sabíamos que existía.

> **Bryan Harvey,** bloguero deportivo

Yo fui un poco mordaz con él porque me puso en mi
lugar, pero ahora nos divertimos con eso. Yo formo
parte de la Lin*sanity*.

> **Stephen Curry,** base de los Golden State Warriors y
> ex compañero de equipo de Jeremy Lin

Capítulo 7

LIDERAZGO EN CADA UNA DE SUS CARACTERÍSTICAS

Mientras Jeremy estaba en Toronto, recibí una llamada telefónica de Pat Williams, el vicepresidente primero de Orlando Magic. Dado que Pat ingresó a la NBA en 1968, había sido gerente general de cuatro equipos de la NBA y escrito setenta y cinco libros, mayormente sobre tópicos de liderazgo, trabajo en equipo, buenas prácticas comerciales, cómo ser un mejor padre, y cómo vivir una vida exitosa y gratificante.

También se había forjado una carrera exitosa como uno de los oradores en motivación e inspiración más importantes de Norteamérica, hablando 150 veces por año ante algunas de las compañías de Fortune 500, tales como Allstate, American Express, Disney, Nike y Tyson Foods, así como ante asociaciones nacionales y organizaciones sin fines de lucro. Pat me brindó una gran ayuda con el libro *Playing with Purpose*, abriendo puertas y ofreciendo perspectivas acerca de la Asociación Nacional de Basquetbol y sobre muchos de sus jugadores.

Durante nuestra conversación, Pat me dijo que creía que en su carrera de cuarenta y cuatro años en la NBA, él ya lo había visto todo. Hasta la llegada de la Lin*sanity*.

«No recuerdo que hubiera sucedido algo como eso antes», me dijo. «Que de entre todos los posibles lugares, surgiera un jugador de la Liga Ivy, sin contrato. Que fuera dejado afuera un par de veces, y que luego, en plena desesperación, con los Knicks luchando denodadamente por mantenerse a flote mientras todo se les iba por el caño, ellos lo pusieran en el partido... Y que a continuación se embarcara en una racha ganadora de cinco partidos como la liga nunca había visto antes... ¡Es una historia increíble! Sin precedentes en verdad».

Le pedí a Pat que se pusiera en el papel de gerente general y bosquejara un informe. «Él es bueno», comenzó diciendo. «Si uno se fija con atención, es grande, con su 1,90 m y sus 90 kg. Tiene velocidad e inteligencia, obviamente. Entiende el juego; ve el cuadro general. Los equipos ahora saben que en verdad hay que prestarle atención. Ya no es algo oculto. Se siente cómodo dentro de su piel en lo espiritual. Creo que tiene una fe contagiosa y auténtica. Así es como lo veo».

Pero lo que realmente captó el ojo entrenado de Pat fue algo sobre lo que ya había escrito y hablado a millones de personas a través de los años: liderazgo. Pat cree que los mejores líderes no solo tienen visión, se comunican bien, cuentan con una gran habilidad para relacionarse, muestran un carácter fuerte y actúan con audacia, sino que ejercen sus roles para servir y no en busca de poder.

Jeremy Lin, según decía él, tenía todos estos atributos en abundancia.

«Aquí tenemos a un muchacho del que se ha hablado como jugador de básquet profesional, tratando de lograr acceder al gran escenario. Llega a Nueva York, y cuando tiene una oportunidad, se echa el equipo al hombro. Como diciendo: "¡Yo soy su líder! Ustedes han estado esperando por mí, y yo voy a dirigirlos". Generalmente los jugadores como él son sensibles y tímidos. Esperan su turno, y tal vez cinco años después, cuando se sienten más aceptados, salen al frente y dirigen, pero este muchacho parece tener el liderazgo escrito en toda su persona. Y no siente temor de demostrarlo».

Pat señaló que los entrenadores desean ver el liderazgo tanto dentro de la cancha como en los vestuarios. Muchos simpatizantes no están al tanto de que surgen cuestiones entre los compañeros de equipo, aunque no sea por otra razón que por el verse los unos a los otros todos los días durante meses, y puede ser que se irriten entre ellos. Dado que las personas son personas, aun dentro del mundo de la NBA, la irritación, las ofensas y las constantes burlas pueden resultar en palabras ásperas, miradas desagradables, y desunión.

«Los entrenadores no pueden meterse en las trincheras para atender este tipo de cosas, así que los chicos que pueden tratar con ellas en los vestuarios y eliminarlas resultan invalorables para un equipo» señaló Pat. «Esa era la mayor fortaleza de Michael Jordan. No era simplemente un gran jugador, sino también un gran líder. Su entrenador en Chicago, Phil Jackson, nunca tuvo que encargarse de todas esas cuestiones porque nunca le llegaron. Michael las resolvía. Creo que veremos el mismo tipo de cosas con Jeremy porque no parece que este muchacho tenga temor de liderar».

John Gabriel, el director de los Knicks, encargado de los reclutamientos y de los jugadores libres, y además colaborador de Pat durante dieciocho temporadas con los Orlando Magic, señaló que no todo gran jugador es un gran líder. «Pienso que en primer lugar Jeremy se siente confiado, y tiene la habilidad de articular lo que ve en la cancha y comunicárselo a sus compañeros de equipo y también a los entrenadores. Récordemos que él mayormente es un principiante, y sin embargo ha mostrado sus cualidades naturales de liderazgo, una actitud deseable que puede llevar muchos años desarrollar», dijo Gabriel.

«Creo que la filosofía de Jeremy es muy sencilla: *¿Cómo puedo ayudar a que ganemos este partido?*», siguió diciendo Gabriel. «A partir de allí, él hace todo lo necesario cada vez que cruza la mitad de la cancha. Si eso significa tomar

¿Dónde están los tatuajes?

¿Saben cuál considero que es una de las cosas más interesantes sobre Jeremy Lin? El hecho de que no tenga tatuajes. (Si es que tiene alguno, debe estar en la piel cubierta por el short del equipo).

En estos días, parece que fuera imprescindible tatuarse para poder unirse al gremio de los jugadores de la NBA. Los tatuajes llenan los abultados bíceps de casi todos los jugadores de la liga, les cubren la espalda y el pecho, y corren a lo largo de sus brazos, muñecas y piernas.

Pero la piel de Jeremy se ve como una zona libre de tatuajes, lo que resulta reconfortante. Tim Tebow tampoco tiene tatuajes, por lo menos hasta donde he observado en la infinidad de fotografías que le han tomado sin su camiseta.

Entiendo que los tatuajes sean algo de moda, y una forma de comunicar cosas que a uno le parezcan importantes. Pero la última vez que estuve averiguando, me enteré de que los tatuajes son algo permanente, lo que significa que permanecen en la piel hasta el día en que uno muere. Por supuesto que uno se los puede quitar a través de dolorosos tratamientos de rayos láser, pero la piel nunca vuelve el balón y hacer grandes lanzamientos, puede hacerlo y lo hará. Pero su mayor contribución puede verse en su deseo de lograr que otros se involucren y participen, atributo que todo jugador de nuestro equipo percibe y que observan tantos de los que disfrutan al verlo jugar».

«Él es un buen lanzador, lo que constituye un componente significativo dentro de la ofensiva de nuestro equipo, y nuestro personal de entrenamiento realiza una gran tarea al infundir confianza en los jugadores. Si alguien está en el

---

a ser la misma después de procedimientos tan abrasivos. Como le pasó a Angelina Jolie, que se hizo sacar la inscripción «Billy Bob» después de que rompió con su segundo marido, Billy Bob Thornton.

¿Uno puede tener un tatuaje y seguir siendo cristiano? Por supuesto que sí. Pero los jugadores parecen olvidarse de que la vida cambia. Uno crece y avanza más allá de sus tatuajes. Muda en su persona. Lo que resulta popular ahora serán viejas, muy viejas, noticias en cinco o diez años.

Sin embargo, Jeremy transmite un mensaje con su «cuerpo» a través de las muñequeras deportivas que lleva en ambos brazos. Esas muñequeras color naranja han sido manufacturadas por una empresa cristiana llamada Fe Activa, iniciada por el ex jugador de la NBA Lanny Smith y por el actual alero de los Minnesota Timberwolves, Anthony Toliver. Patrick Ewing Jr. un ex compañero de la Liga D, introdujo a Jeremy a Fe Activa.

Esas muñequeras elásticas, de un color naranja pastel, que cuestan U$S 3, dicen: «En el nombre de Jesús es que juego»,

Ahora bien, ese es un gran mensaje, una muy buena calcomanía para poner en el auto, si uno quiere también. Y Jeremy puede cambiarlo cuando quiera.

campo de juego con Jeremy Lin y está abierto, puede estar seguro de que él lo encontrará».

Un basquetbol de riesgos y recompensas

A través de todo febrero y apuntando al partido de las Estrellas en Orlando, Florida, Jeremy continuó jugando a un nivel muy alto. Acumuló muchos minutos: 37.6 en el transcurso de doce partidos, y un promedio de 22.5 puntos por juego.

Si los analistas consideran que hay algo que ajustar en el juego de Jeremy, eso es con respecto a sus cesiones del balón en contraataque, igualmente se nota un crecimiento visible de 68 TOs (cesiones del balón en contraataque) durante el transcurso de esos doce partidos, o sea un promedio de 5.6 por partido.

La racha de siete partidos ganados por los Knicks que marcaron el comienzo de la Lin*sanity* se quebró contra los New Orleans Hornets, partido en el que Jeremy debió luchar por proteger el balón y realizar buenos pases. Tan solo ocho contraataques durante la primera mitad más un bajo rendimiento en los lanzamientos del equipo colocaron a los Knicks en un hueco del que no pudieron salir, a pesar de los 28 puntos que obtuvo Jeremy (récord en el equipo) de sus 5 asistencias y sus 4 robos.

Jeremy se hizo cargo de lo que sucedía en la cancha. *¡Estuve mal!* Pero en la segunda mitad solo una vez encabezó un contraataque.

«Simplemente se trató de un esfuerzo deslucido de mi parte en las salidas y el ser descuidado con el trato del balón», dijo después del partido. «Obviamente solo nueve contraataques hablan claramente que no pude tener el control del balón. Esto depende de mí, el cuidar del balón y cuidar el ritmo del partido en general»[1].

También tuvo un par de datos a considerar en sus estadísticas: 8 contraataques liderados en la memorable victoria sobre los Toronto Raptors, y otros horribles 8 jugando contra el Miami Heat, cuando una defensa cerrada recalentó el ambiente en la cancha.

La perdida del balón en ofensiva puede suceder en una variedad de formas: el oponente roba el balón, ya sea arrebatando la pelota durante el drible o interceptando un pase; un jugador puede calcular mal el tiempo al pasarla a un compañero de equipo y arrojar el balón fuera de sus límites, o caminar con el balón, o cometer una falta en un avance ofensivo. La perdida del balón en contraataque vuelve locos a los entrenadores porque generalmente se trata de errores mentales que parten de una falta de concentración. Cuando un equipo recupera el balón sobre el terreno contrario y convierte un tanto rápidamente, a eso generalmente se lo conoce como un «cambio de 4 puntos» en el tablero. El equipo que pierde la posesión del balón en ofensiva no obtiene los dos puntos, y el otro se apunta dos rápidamente.

Los bases quedan muy expuestos a la pérdida del balón durante el contraataque, por el hecho de que tanto la ofensiva de transición como las jugadas tácticas comienzan con el balón en sus manos, probablemente en un ochenta por ciento de las veces. Es raro que un base juegue todo el partido sin perder el balón o pasarlo equivocadamente. Los entrenadores perdonan más las perdidas de balón ofensivas (las que se cometen cuando un base avanza con intrepidez camino a hacer una jugada) porque sus incursiones son con la intención de crear una jugada, de hacer que suceda algo. Cuando son perdidas del balón por un jugador indeciso (producto de un titubeo o de la incertidumbre), estos errores no se miran con tanta indulgencia.

Las pérdidas del balón de Jeremy en general son del tipo ofensivo. Cuando Jeremy dribla el balón más allá de la línea de la mitad de la cancha, es porque busca crear algo nuevo. Eso puede significar que esté trabajando una cortina y desmarque con Carmelo Anthony, que avance hacia la zona pintada y que le arroje un pase alley-oop a Tyson Chandler para que realice una volcada, o que arrastre un doble bloqueo por la derecha y le pase el balón a Landry Fields para que tenga una visión libre y realice un disparo de tres puntos desde la esquina del campo.

Pero su mayor atributo es su penetración por el carril central donde puede encontrarse con demasiada gente. A menudo son tres los jugadores que se arrojan sobre él e intentan robarle el balón, y en el enredo que provocan los brazos musculosos de los más altos, a veces logran separarlo de él.

Perder el balón.

Las penetraciones ofensivas constituyen esfuerzos que presentan riesgos y recompensas. Con bastante frecuencia suceden buenas cosas: Jeremy, o sale a flote con una mano, o arroja el balón a uno de sus compañeros de equipo que ve libre en los laterales. Este tipo de penetración explica porqué los Knicks han ganado tantos partidos antes del receso de All-Star, cuando Jeremy llevó al equipo a una carrera de 9 victorias y 3 derrotas.

Para contrarrestar el juego ofensivo de Jeremy y sus compañeros, vemos que cada vez más equipos despliegan un doble bloqueo sobre Jeremy tan pronto él cruza la línea del medio campo. Su meta es interrumpir el fluir ofensivo de Jeremy y empujarlo hacia alguna esquina cerca del medio campo, donde puedan atraparlo. Con dos tipos enormes acosándolo, estos pueden interceptar los pases a otros compañeros. Pero si Jeremy logra enviar el balón a un compañero que esté más libre, los Knicks pueden lograr un espacio de tres contra dos para llegar al aro.

Algunos equipos han intentado detener a Jeremy «saltando» ante su cortina y desmarque o aplicando una presión defensiva implacable para interceptar sus pases. Un caso testigo fue cuando el equipo de los Miami Heat, cargados de estrellas y contando con los mejores promedios de la liga, le pusieron un cepo a la Lin*sanity* justo antes del receso del Juego de las Estrellas: 8 pérdidas de balón, 1 de 11 intentos realizados, y solo 3 asistencias. Los Heat hicieron un gran trabajo en cuanto a hacer sentir incómodo a Jeremy en la cancha.

«Todos estaban obsesionados con él», señaló el entrenador Mike D'Antoni después del partido. «Aceptaron el desafío e hicieron un gran trabajo. Es muy difícil ser Peter Pan todos los días»[2].

El receso del All-Star

Jeremy permaneció en el estado de Florida luego del partido con los Miami Heat debido a que había sido invitado a último minuto para el Rising Stars Challenge (partido de los novatos) de la NBA, que se jugaba dos noches antes del juego All-Star. Se había selecciondo a un grupo de dieciocho jugadores antes de que estallara la Lin*sanity*, pero el comisionado David Stern (alzando su dedo húmedo hacia el viento) levantó la voz y agregó a Jeremy a la lista de jugadores antes de que los «entrenadores» Shaquille O'Neal y Charles Barkley comenzaran a definir sus equipos.

Shaq se apropió de Jeremy luego de seleccionar al monstruo de las volcadas Blake Griffin de Los Angeles Clippers como primera elección. El partido de The Rising Stars (el partido de los novatos) era una diversión superinformal, más o menos con la seriedad de un juego de lanzamientos luego de una sesión de práctica. Jeremy jugó algunos minutos durante esta exhibición. Esa noche los defensores disfrutaron de un receso. Jeremy encestó una vez en el encuentro, y realizó un gran trabajo sin gastar mucha energía. Luego de varios partidos tan duros, él necesitaba un receso.

Se esperaba que Jeremy participara del concurso Sprite 2012 de volcadas la noche siguiente, en la que los mejores jugadores por elevación realizan una sesión de volcadas del tipo «¿Puedes igualar esto?». Blake «Terremoto» Griffin había ganado el evento de volcadas del año anterior, cuando saltó sobre un automóvil Kia Optima SX estacionado en la línea de los tres puntos. Luego de recibir un pase alley-oop de Baron Davis, que se asomaba por el techo solar del Kia (mientras un coro cantaba como música de fondo el tema de R. Kelly «I Believe I Can Fly» [Creo que puedo volar]), Griffin metió con una sola mano otra de sus ya patentadas y monstruosas volcadas. (Ahora ya saben por qué Blake Griffin es la estrella de esos comerciales de Kia que circulaban en esos días).

En el concurso de Volcadas de 2012, Jeremy no pensaba intentar ningún tipo de volcada acrobática, pero su compañero de equipo Iman Shumpert había estado jugando con una idea. Otro de los compañeros de equipo, Landry Fields, arrastraría hasta la línea de los tres segundos un gran sofá color marrón cubierto por una sábana blanca. Jeremy estaría «durmiendo» debajo de la sábana. Luego, en el momento oportuno, Landry quitaría la cubierta y Jeremy saltaría y le arrojaría un alley-oop a Iman, que saltaría por sobre el sofá en su camino hacia el aro (una copia del salto de Griffin sobre la capota del Kia). Iman entonces introduciría con fuerza una monstruosa volcada y volvería a sentarse en el sofá junto a Jeremy. Landry le entregaría a Iman una lata de Sprite como recompensa por realizar tremenda volcada. (Buena publicidad del producto, muchachos. Puede ser que consigan una campaña de publicidad también).

Por lo menos esa es la forma en que lo planearon, según Jeremy le dijo a Craig Sager, de TNT, quien lo entrevistó mientras estaba sentado en el banco durante la segunda mitad del partido de las Rising Stars (partido de los novatos). «No tendremos oportunidad de hacerlo [la volcada]», dijo Jeremy sonriendo, refiriéndose a una lesión de último minuto de Iman. «Pero fue una idea impresionante y creativa».

«¿Todavía sigues durmiendo en un sofá?», preguntó Sager refiriéndose al sofá marrón del apartamento de su compañero de equipo Landry Fields. Durante el punto culminante de la Lin*sanity*, Landry puso en Twiter una foto del sofá más famoso del mundo: el sillón de velour marrón de su sala. «Dejemos que comience la subasta», bromeó.

Luego de escuchar la pregunta de Sager, Jeremy se rió. «Tengo mi propio lugar», dijo guiñando un ojo.

Finalmente Jeremy abandonó el sofá de Landry y se mudó a un apartamento propio, porque los Knicks, para nuestra gran sorpresa, dieron un paso al frente y le garantizaron un salario de U$S 762.195 por el resto del año. (En realidad, él solo percibe el ochenta por ciento de esa cifra, o sea U$S 609,756, debido a que la temporada es más corta). Su paga es buena y lo coloca dentro de un grupo selecto en cuanto a sueldos, pero en términos de la NBA, es poca cosa y constituye el mínimo que les paga la liga a los jugadores en su segundo año.

Jeremy es el segundo peor pago de los Knicks, pero espera que eso cambie de una manera contundente después que termine la temporada, cuando él se convierta en un jugador libre, lo que significa que los Knicks deberán equiparar cualquier oferta de contrato que él reciba. A causa de lo intricado de los regateos en los acuerdos colectivos de la NBA y de los topes salariales, Jeremy imagina que podrá ver un aumento que lo lleve a los U\$S 5 millones la próxima temporada. Sin embargo, esa cifra principesca quedará empequeñecida por lo que recibirá fuera de la cancha a través de ingresos por publicidad.

Esto se parece a el juego del Monopolio, si consideramos que Jeremy no tenía muchos objetos personales que reunir cuando se mudó del apartamento de Landry Fields a uno rentado de dos dormitorios en las residencias del piso 38 del hotel W. New York Downtown. Su nueva morada tiene una tremenda vista de la Estatua de la Libertad y del nuevo World Trade Center, al presente, todavía en construcción. El apartamento de soltero de Manhattan originalmente tenía un precio de U\$S 13.000 por mes, pero el número 17 recibió una considerable rebaja, según se informa.

Es muy bueno que su nuevo lugar haya venido totalmente amoblado porque Jeremy no tiene mucho tiempo para andar haciendo compras en HomeGoods por estos días. Cuando este libro entre en imprenta, los Knicks estarán luchando por mantenerse en el último sitio dentro de la Conferencia Este; o quizás derroten a los Boston Celtics para lograr el séptimo espacio. Ciertamente los Knicks tienen bastantes incentivos como para hacer un esfuerzo más en la última parte de la temporada y pasar a los Celtics.

Terminar en el séptimo lugar significaría que en la primera rueda no tendrían que enfrentar al triunvirato de los Miami Heat: LeBron James, Dwayne Wade y Chris Bosh.

Una vez que termine la temporada 2011-12, podemos estar seguros de que a Jeremy se lo dirigirá hacia el oeste (hacia su ciudad natal de Palo Alto) o tal vez todavía más hacia el oeste, a Asia.

Como veremos, Jeremy es aún más popular en su hogar ancestral que aquí en los Estados Unidos.

Alguien sintió una puntada en la cabeza al comer helado

Ben & Jerry's, el fabricante de helados cuya casa matriz está en Vermont, realmente dio un paso al frente cuando intentó incrementar sus ganancias produciendo un sabor de edición limitada al que publicitó como «Pruebe la Lin*sanity*».

Los ingredientes eran yogurt de vainilla congelado con toques de miel y galletitas de la fortuna trituradas. El agregado de este último ingrediente le dejaba un mal sabor en la boca a la gente, que se quejó de los matices raciales.

Ben & Jerry's se disculpó y anunció que reemplazaría con galletitas de wafles trituradas al ingrediente que había causado el disgusto.

Capítulo 8

LECCIONES DE UN PIONERO ASIÁTICO-AMERICANO

Luego de que Jeremy firmó con los Golden State Warriors, pero antes del comienzo del campamento de entrenamiento, estuvo hablando con una amiga que era miembro del equipo de tenis de Stanford. Charlaban de cosas de la vida, cuando ella mencionó que conocía a Amber Liu, una atleta asiático-americana de San Diego que había hecho una carrera espectacular jugando tenis para Stanford. Amber había ganado dos veces el campeonato de singles de la NCAA y había sido considerada como All-American (atleta de nivel internacional) cuatro veces.

Amber se había casado con el más grande (y famoso) de los atletas asiático-americanos que hubiera existido: Michael Chang, que en 1989 fue el varón más joven en ganar un torneo de Grand Slam cuando se alzó con el Abierto de Francia, o Roland Garros, a la edad de diecisiete años. Ningún jugador con ancestros asiáticos había ganado uno de los tan codiciados torneos mayores hasta ese momento.

La victoria sin precedentes alcanzada por Michael en Paris electrizó a la comunidad asiático-americana y se convirtió en una fuente de orgullo. Allí estaba uno de los suyos subido a lo más alto del mundo de los deportes. Una fotografía de él cayendo sobre la arcilla color salmón de Roland Garros en su momento de triunfo, apareció en la primera plana de muchos periódicos alrededor de todo el mundo. Michael demostró que no era una estrella efímera con un único éxito resonante al desarrollar una carrera de catorce años dentro del Salón de la Fama que lo vio surgir como el número 2 del tenis en el mundo.

Jeremy tenía nueve meses (y ni siquiera volcaba pelotitas de esponja) cuando Michael ya hacía historia en París. Solo podemos imaginar lo que pueden haber pensado Gie-Ming y Shirley, pero el éxito de Michael ciertamente abrió una puerta mental que había estado cerrada hasta ese momento. *Todo era posible en los Estados Unidos si uno trabajaba esforzándose lo suficiente.*

Jeremy le pidió a su amiga de Stanford que le ayudara a hacer contacto con Michael porque deseaba hacerle algunas preguntas. Estaba comenzando la temporada de Jeremy como novato con los Golden State Warriors, y toda la cuestión atlético-profesional era nueva para él. ¿Quién mejor que Michael Chang, alguien considerado un héroe dentro de la comunidad asiático-americana, para entender aquello por lo que él estaba pasando?

«Hablé con Michael antes de que la temporada comenzara y le pregunté cómo era ser cristiano al moverse dentro de un deporte profesional», me dijo Jeremy. «Recogí algunas buenas ideas, como llevar adelante un tiempo devocional sostenido y contar con un equipo de oración de apoyo. Así que formé un pequeño equipo al que le enviaba e-mails cada tanto con pedidos de oración y cartas de agradecimiento».

El hecho de que Jeremy se acercara a Michael Chang en busca de consejo sobre las cuestiones atléticas *y* espirituales revela mucho con respecto al carácter de Michael, así que lo llamé justo antes del receso del juego All-Star (partido de las estrellas) de la NBA. Tuvimos la siguiente conversación:

Mike: «¿Qué recuerda del llamado telefónico de Jeremy justo antes del comienzo de su temporada como novato? ¿Lo sorprendió que él lo buscara? ¿O que él supiera que usted había jugado al tenis, dado que hay una diferencia de edad tan grande entre los dos? (Michael tiene cuarenta años y Jeremy es 17 años más joven)».

Michael Chang: «Cuando hablamos por teléfono intenté ser una fuente de aliento para Jeremy. No quiero entrar en los detalles precisos de lo que hablamos, pero yo sabía que a Jeremy le había ido muy bien en Harvard. Él me preguntó cómo era jugar profesionalmente, qué cosas podía esperar en mi trato con los jugadores que ya estaban allí, cómo tratar con los entrenadores, y otras cosas como esas.

»Desde la perspectiva espiritual, hablamos sobre cómo manejar las presiones y expectativas, y acerca de saber llevar adelante nuestro andar con Cristo. Resulta obvio, por el tipo de programación de la NBA, que se hace difícil ir a la iglesia los domingos, ya que o se está viajando, o jugando. En mi caso, cuando yo jugaba en el extranjero, eso resultaba aún más difícil debido a que muchas iglesias no tenían servicios en inglés».

Mike: «Jeremy dijo que usted le habló acerca de tener un tiempo devocional con constancia y un equipo de oración de apoyo. ¿Puede decirnos algo más sobre el tema?».

Michael Chang: «Creo que el tener un equipo de oración que lo apoye a uno es de veras muy importante. Cuando yo pasaba por cosas difíciles en mi carrera, el saber que había algunos cientos de personas orando por mí me parecía grandioso. Esa clase de apoyo significa mucho, en especial cuando podemos enviarle pedidos de oración a la gente, de modo que ellos sepan dónde estamos y por qué situaciones estamos pasando. Por ejemplo, si sufría alguna lesión o me tocaba atravesar por alguna circunstancia complicada, o si tenía por delante un partido difícil, era bueno saber que mis hermanos y hermanas en Cristo estaban de rodillas orando por mí.

»Pienso que Jeremy ha hecho eso. Creo que él tiene un equipo al que le envía e-mails para transmitirles sus pedidos de oración. Considero muy importante el hacer esto. Además de eso, el tiempo que pasamos con el Señor en nuestro diario caminar juega un papel decisivo para poder permanecer bien arraigados discerniendo lo que está bien y lo que está mal.

»El discernimiento es importante porque a veces no sabemos cuáles son las intenciones que las personas tienen hacia nosotros hasta que llegamos a conocerlas un poco. Lo más duro es que cuando a uno le está yendo bien, todos son amigos. A veces no resulta sencillo distinguir entre los amigos y aquellos que no tienen en cuenta nuestros mejores intereses».

Mike: «Con toda esta repentina fama que le apareció de la noche a la mañana, ¿a qué cosas debe prestarles atención Jeremy? Después de todo, es la misma experiencia de éxito instantáneo que le sucedió a usted cuando ganó el Abierto de Francia a la edad de 17 años».

Michael Chang: «Creo que lo que Jeremy necesita ahora es precisamente poder manejar bien su tiempo. Hablando desde lo físico, como él está jugando partidos realmente duros, muchos de ellos uno detrás del otro, tiene que cuidarse físicamente, mantenerse saludable y limpio, comer bien, beber bastante líquido y descansar lo suficiente.

»Todo eso resulta algo complicado debido a las demandas que soporta en este tiempo. Tiene mucha más prensa que manejar. Muchas entrevistas que enfrentar. Y, con certeza, firmar una cantidad mayor de autógrafos y fotografías. Estoy seguro de que además él tiene que tratar con agentes y con posibles promociones.

»Tiene muchas cosas dentro del plato ahora. Creo que todas ellas son buenas, pero él necesita ser capaz de manejarlo todo bien, manteniendo una perspectiva correcta y teniendo en claro cuáles son sus prioridades. En verdad, tendrá que realizar ciertos ajustes. Contar con un buen equipo de apoyo alrededor de uno y mantenerse cerca del Señor, considero que son unas de las mejores maneras de ocuparse de todo, ya que una sola persona no lo puede hacer todo ni agradar a todo el mundo».

Mike: «Háblenos a aquellos de nosotros que nunca hemos estado en el Lejano Oriente acerca de lo famoso que es Jeremy en China y en Taiwan».

Michael Chang: «Yo creo que para él, y lo digo sinceramente, las cosas van a ser más locas en Asia que en los Estados Unidos. Asia es diferente, por ejemplo, no hay muchos famosos allí, como las superestrellas así que el asedio de los medios y los paparazzi no da tregua.

»Aquí en los Estados Unidos es de esta manera: «Oh, mira, ese es fulanito, y aquel es menganito» Pero en Asia, cuando se ve a un famoso es algo como: «¡WOW!»

»Tener la atención de los fotógrafos y de la gente en general sobre uno dondequiera que vaya, asumámoslo, es algo bastante denso. Sé que su familia en Taiwan debe estar siendo bombardeada por la prensa en todo momento. Es difícil esconderse allí. Cuando alguien de su fama va a un lugar como Taiwan o Hong Kong, la gente observa cada uno de sus movimientos; lo sigue a donde vaya, y se vuelve muy, muy, difícil salir del hotel. Se le va a hacer complicado ir a Asia, con toda seguridad, y sin lugar a dudas».

Mike: «¿Se vio venir la Lin*sanity*? Porque nadie parece haber podido predecirla... ».

Michael Chang: «No, y no creo que nadie lo haya previsto. Sé que Jeremy ha trabajado muy duro durante su temporada baja. Por cierto, él no tuvo mayores oportunidades de salir a jugar para el Golden State o para Houston. Jugó un par de minutos aquí y un par de minutos allá, pero nunca se le dio la ocasión de comenzar en firme. Houston resultó particularmente duro debido a que tenían muchos jugadores importantes ocupando el puesto de base.

»Creo que la oportunidad que se le dio en Nueva York fue algo de Dios. Ya saben, con Carmelo Anthony lamentablemente lesionado y el hermano de Amar'e fallecido. Según entiendo, Carmelo precisamente fue el que habló con el entrenador durante el partido con New Jersey para decirle: «Mire, creo que debería hacer jugar a Jeremy durante la segunda mitad». Escuchar eso de parte de tu jugador estrella significa mucho. El entrenador le prestó atención y lo puso, así que en la segunda mitad Jeremy marcó algo así como 24 puntos en ese, su primer partido.

»Obviamente, él estaba preparado para jugar, y yo me entusiasmé con él y me sentí feliz de que jugara al tope y no se preocupara por todo lo demás que sucedía en torno de él».

Mike: «Me ha impresionado que usted conozca tan bien su historia. Parecería que ha estado siguiendo a Jeremy de cerca».

Michael Chang: «Lo he hecho. Y me ha entusiasmado. He podido presenciar algunos de sus partidos por televisión, y ha sido bueno ver a alguien con un trasfondo semejante jugar al basquetbol en la NBA. Él nació y se crió en los Estados Unidos, como yo; es un asiático-americano como yo, y tuvo un comienzo humilde. Además de todo eso, es un hermano en Cristo.

»Me encantaría que le fuera bien. Para mí eso sería muy apasionante porque no puedo decir que haya demasiada gente a la que se pueda ubicar dentro de esa categoría. Han aparecido algunas mujeres jóvenes como Michelle Kwan, Kristi Yamaguchi y Michelle Wie, pero en lo que hace a la rama masculina, no encuentro muchos atletas asiático-americanos destacados. En la mayoría de los aspectos, tengo mucho en común con Jeremy».

Mike: «¿Usted jugó mucho al básquet cuando era niño, o era demasiado bajo?».

Michael Chang: «Yo jugué *mucho* al básquet. Hay un concepto que probablemente la gente haya comprendido erróneamente: A los asiáticos nos *encanta* jugar al básquet. Hemos tenido nuestras ligas deportivas cristianas en Seattle y en el Condado de Orange [organizadas por la Fundación de la Familia Chang], y partidos informales dentro de la iglesia, ¡y se juntan gran cantidad de jugadores asiático-americanos!

»Nunca tuvimos a alguien que se abriera paso en la NBA, y hasta ahora, el jugador asiático más famoso ha sido Yao Ming, pero creo que es un poco más fácil relacionar esto con Jeremy, dado que él mide 1,91 m. Pero a los asiáticos les encanta jugar al básquet, y yo me cuento dentro de ese grupo».

Mike: «¿Cuánto básquet ha jugado al crecer en el sur de California?».

Michael Chang: «Bueno, he jugado bastante durante las temporadas de básquet. No llegaba al aro, como Jeremy, porque no quería que me golpearan con el codo, ni que me lastimaran antes de algún torneo. Me mantenía más en la periferia e intentaba jugar como un buen defensor y lanzar desde afuera».

Mike: «¿Alguna vez ha visto jugar a Jeremy personalmente? Si no es así, ¿irá a verlo cuando vaya a Los Angeles a jugar contra los Lakers o los Clippers?».

Michael Chang: «Me encantaría tener la oportunidad de verlo jugar en persona. Nunca me he encontrado con Jeremy, pero conozco a su mamá y a su hermano. Se acercaron a charlar con Carl y conmigo cuando tuve una invitación para hablar en el Área de la Bahía. [Carl es el hermano mayor de Michael, un excelente jugador de tenis, y su entrenador durante toda su carrera]. Eso sucedió justo después de que él firmara con los Golden State. La Sra. Lin quería que le diéramos alguna opinión acerca de la carrera de Jeremy, y tuve la oportunidad de hablar con ella. Pero nunca me encontré con Jeremy».

Mike: «¿Le ha enviado mensajes de texto?».

Michael Chang: «Sí, estuve mandándole algunos mensajes de texto para alentarlo».

Mike: «¿Sus padres han hablado con los padres de él? Dado que todos son de Taiwan, imagino que tendrán mucho en común».

Michael Chang: «En realidad nunca se han encontrado, pero creo que mi papá le hizo algunas llamadas telefónicas a su mamá cuando ella llamó a Carl. Desde la perspectiva deportiva, tenemos un buen acopio de experiencia en el trato con los agentes y con los patrocinadores que nos encantaría compartir.

»A nosotros nos gustaría tener la ocasión de alentar a la generación más joven, sea Jeremy, algún jugador de tenis, o algún jovencito que esté surgiendo. Tratamos de sacar provecho de nuestra experiencia. Siento que el Señor nos ha dado una buena cantidad de conocimientos, y no hay razón para escatimarles nada de ello a los demás. Tan solo queremos alentar a esta generación a que saque el mejor partido de los talentos que Dios le ha dado a cada uno».

Mike: «Avisoro que, junto con el éxito, a Jeremy le van a llegar muchas tentaciones. ¿Qué puede esperar? ¿De qué manera puede manejarlas mejor?».

Michael Chang: «Creo que es importante que él se mantenga arraigado en la Palabra, y que pase mucho tiempo de calidad con el Señor.

»Desafortunadamente, según yo lo entiendo, las cosas se pueden volver un poco locas en la NBA. Hemos oído una cantidad de diferentes historias sobre algunos jugadores en el pasado y también acerca de los desafíos que tuvieron que enfrentar».

»Cuando yo estaba en gira profesional, A. C. Green jugaba para los Lakers. A menudo manifestaba que estaba dispuesto a esperar hasta el casamiento para mantener relaciones sexuales, y hablaba de lo difícil que era sostener ese compromiso siendo cristiano y jugando en la NBA. Cabe esperar que los jugadores respeten el hecho de que Jeremy tiene ciertos valores y una moral que no está dispuesto a comprometer. Eso es en verdad muy importante y también me parece fantástico que sea tan franco al hablar de su fe. Cuando alguien se muestra tan abierto con respecto a su fe, sienta un precedente. Y es menos probable que la gente le pida que haga algo inconveniente o forme parte de algo indebido cuando sabe que la fe es prioritaria en su vida.

»Considero que Jeremy tiene la cabeza bien plantada sobre sus hombros. Se ve por la forma en que concede entrevistas. Es muy humilde, le reconoce muchos méritos al personal de los Knicks, y se muestra elogioso hacia sus compañeros de juego.

»Esperemos que él sea de gran influencia sobre ellos, no solo en la cancha de básquet sino también fuera de ella».

Mirando hacia China

Nunca he viajado más hacia el oeste que Hawái, y la vasta mayoría de los norteamericanos tampoco ha traspasado la Línea Internacional de Cambio de Fecha, así que Michael Chang tiene razón: no tenemos idea de lo que le espera a Jeremy en su próximo viaje a Asia. Imagino que él y su familia van a realizar una expedición importante a China

LINSPIRADO

y Taiwan después de que finalice la temporada de la NBA. Cuando eso suceda, prepárense para la Lin*sanity* 2.0.

La herencia asiática de Jeremy ha disparado el frenesí de los fanáticos a través de toda Asia, pero en China la reacción ha sido particularmente intensa. Él es un tópico candente en los programas deportivos de entrevistas por televisión, y su nombre chino, Lin Shuhao (dentro de la esfera cultural

Yao Ming: la conexión con Jeremy

Cuando los norteamericanos fanáticos del básquet piensan en los asiáticos que practican este juego, sus primeros pensamientos se dirigen a Yao Ming, el centro de los Houston Rockets, alto como un rascacielos, que se retiró el año pasado.

Yao no fue el jugador más alto que haya militado en la NBA. Los centrales Manute Bol y Gheorghe Muresan, de 2.31 m, comparten entre ellos esa distinción. Pero Yao superaba en 15 cm a Pau Gasol, Dirk Nowitzki y Shaquille O'Neal. Y, de paso, también a Abdul-Jabbar y Wilt Chamberlain. A través de una carrera de ocho años signada por las lesiones, Yao era la cara del basquetbol en Asia.

Su trasfondo constituye una historia fascinante. Hay indicios de que los funcionarios chinos encargados de los deportes «alentaron» fuertemente el matrimonio de dos estrellas del básquet, un hombre de 2,05 m, Yao Zhiyuan, y una mujer de 1,90 m, Fang Fengdi, con la esperanza de que produjeran un jugador central para el básquet de una apariencia que el mundo nunca hubiera visto.

china se menciona el apellido en primer término) está entre los items más buscados en Baidu, la máquina buscadora más importante de China.

Los ascendientes de Jeremy muestran gran interés por el básquet chino y por el de la NBA, cuyo mayor mercado extranjero es la China. Cuando Yao Ming, el central de 2.29 m, se retiró durante el verano de 2011 (después de dos

Fang Fengdi, capitana del equipo de basquetbol femenino de China, enseguida mostró estar de acuerdo con el tremendo experimento propuesto por los funcionarios deportivos de China. Sin embargo, la pareja formada por esas dos personas tan altas produjo un único hijo. Y solo se pueden hacer conjeturas con respecto a si mamá Fang no habrá pensado dos veces el asunto de pasar por un segundo parto después de dar a luz a un varoncito de 5 kg de una manera extremadamente dificultosa.

En lo que hace a la federación de basquetbol china, el nacimiento de Yao Ming fue apenas el comienzo. Cuando Yao tenía ocho años, los funcionarios del gobierno lo pusieron en una escuela de deportes, en la que él practicaba cinco tardes por semana y los sábados. Yao detestaba que lo obligaran a jugar básquet, pero se resignó a practicarlo por respeto a sus padres.

Aunque mostró resistencia a ese deporte durante un buen tiempo y no fue muy buen jugador que digamos hasta finales de la adolescencia, Yao Ming, como jirafa que descubre sus patas, con el tiempo descubrió su juego y se convirtió en una estrella internacional. Pero su frágil cuerpo no podía soportar el vapuleo del básquet, así que nunca tendremos la oportunidad de ver un cotejo en el que participen Yao Ming y Jeremy Lin.

temporadas de persistentes problemas en el pie y la pierna que limitaban severamente su juego), se produjo un vacío.

El heredero aparente de la dinastía Ming ahora es Jeremy, y podemos apostar hasta el último *yuan* que los funcionarios de la liga NBA ya están trabajando para posicionar a Jeremy como el nuevo rostro del imperio global de la NBA. Él habla mandarín, aunque no de manera fluida. Aprendió ese idioma tonal de sus padres durante su crianza. Ellos le hablaban en mandarín y él les respondía en inglés, como suelen hacer los niños a menudo cuando no hablan otra cosa que inglés de puertas afuera.

«Entiendo mucho más de lo que hablo», señaló Jeremy. «Decididamente mi mandarín requiere ser trabajado»[1]. Tomó algunas clases en la Universidad de Harvard para mejorar su capacidad de lectura y escritura.

Luego de que Jeremy firmó contrato como principiante con el Golden State en el verano de 2010, recibió una llamada telefónica de Yao Ming, invitándolo a unirse a la Fundación Yao en Taiwan para realizar un viaje de buena voluntad, que incluía ayudar en los campamentos infantiles de básquet y jugar un partido de basquetbol con fines de caridad en Taipei. Jeremy, sus padres y sus dos hermanos dieron un salto de alegría ante la oportunidad de poder participar en aquel proyecto.

En Taipei, Jeremy marcó 17 puntos para el «Equipo del Amor», que estaba formado por jugadores de la NBA entre los que se contaban Brandon Jennings, de los Milwaukee Bucks, Amir Johnson, de los Toronto Raptors, y Hasheem Thabeet, de los Memphis Grizzlies. La abuela paterna de Jeremy, Lin Chu (que todavía vive en Taiwan) alentaba a su nieto. Su contendiente era el Equipo Corazón, conformado por jugadores de los Shanghai Sharks y All-Stars (jugadores de nivel internacional) de la Super Liga de Basquetbol local. Los Shanghai Sharks eran nada menos que propiedad de Yao Ming. Vinculados por aquel viaje de buena voluntad, los dos se han mantenido en contacto desde entonces. De hecho, durante al paro de la NBA, Yao intentó firmar un contrato con Jeremy para que jugara con los Shanghai Sharks, equipo para el que Yao había jugado también, pero Jeremy rechazó la oferta de su nuevo amigo porque abandonar el suelo norteamericano para jugar en China probablemente hubiera acabado con su sueño de alcanzar la meta de entrar en la NBA.

También mostró interés en Jeremy la sede central de Maccabi Tel Aviv, Israel, perteneciente a la Euroleague (a Jeremy le hubiera fascinado jugar una temporada en Tierra Santa); y el Teramo Basket, un club de la Liga Italiana.

Muchos norteamericanos no se dan cuenta de que el básquet, desde que James Naismith lo inventó ciento veinte años atrás, ha evolucionado como deporte en equipo, hasta llegar a ser un juego practicado mundialmente en más de doscientos países por hombres y mujeres, jóvenes y viejos, en su plena capacidad física o físicamente disminuidos.

El «Dream Team» que se configuró para las Olimpiadas de Barcelona en 1992 tomó al mundo por sorpresa, estableciendo un escenario en el que se produciría una explosión de interés por el basquetbol que trascendería las fronteras de nuestra nación. Jugadores como Michael Jordan de los Chicago Bulls, Larry Bird de los Boston Celtics, Charles Barkley de los Philadelphia 76ers, Patrick Ewing de los New York Knicks, y Magic Johnson de Los Angeles Lakers recibieron un tratamiento como el de la realeza dentro del básquet. «Fue como juntar a Elvis con los Beatles», señaló Chuck Daly, el entrenador del Equipo USA.

No es una coincidencia que la globalización de la NBA se iniciara como un contraataque rápido luego de que el Dream Team salió de Barcelona con medallas de oro colgadas en todos sus conjuntos deportivos Nike. Los equipos de la NBA realizaron giras por Europa y jugaron partidos de exhibición contra los principales conjuntos nacionales y también «amistosos» en Asia y Sudamérica.

Gracias a esos esfuerzos de promoción, los muchachos de Sudamérica, Europa, África y Asia (en especial en la China y Taiwan) se volvieron apasionados por el basquetbol. Juegan y practican ese deporte y usan con orgullo las camisetas de la NBA en homenaje a sus jugadores favoritos. La NBA estima que trescientos millones de personas juegan al básquet en China.

Jeremy ganó cantidad de millaje como viajero frecuente al Lejano Oriente después de su temporada de novato con los Golden State. Visitó China por primera vez en mayo de 2011, jugando un partido amistoso en una escuela media de Pinghu y visitando el hogar ancestral de su familia en la provincia de Zhejiang, al norte de China. Los fotógrafos y las cámaras lo persiguieron por todo lugar y se volvió inmensamente popular debido a la tremenda cobertura mediática. Algunas autoridades de la China continental trataron de reivindicarlo como uno de los suyos, puesto que su abuela materna había crecido en China, pero Jeremy y su familia se han identificado como taiwaneses, lo que crea una interesante dinámica, ya que la China continental considera a la isla de Taiwan como una provincia renegada.

Jugadores extranjeros en la NBA

Cuando el «Dream Team» obtuvo la medalla de oro en la Olimpiadas de Barcelona, en 1992, solo había veinte jugadores de la NBA nacidos en el extranjero. A comienzos de la temporada 1992-93, eso significaba apenas el seis por ciento del total de la cantidad de jugadores de la liga.

Esa cifra ha ido cambiando rápidamente durante las últimas dos décadas, a medida que jugadores como Yao Ming, de China, Dirk Nowitzki, de Alemania; Steve Nash, de Canadá; Andrew Bogut, de Australia; Tony Parker, de Francia; Omri Casspi, de Israel; y Pau Gasol de España hicieron un excelente aporte de juego a la NBA. Los gerentes generales han emprendido la tarea de realizar campañas de reclutamiento internacionales amplias, lo que implica un reconocimiento tácito de que la gran brecha que existía entre el juego de la NBA y el resto del mundo prácticamente ha desaparecido.

Aquí es donde estamos hoy: a comienzos de la temporada 2011-12, había setenta y nueve jugadores internacionales provenientes de treinta y siete países, o sea el veinte por ciento del número total de jugadores. Algunos dicen que estamos viendo en la NBA más participantes nacidos en el extranjero porque se trata de jugadores concentrados en los aspectos fundamentales, conocidos por sus pases precisos, lanzamientos de un éxito asegurado y actitudes que priorizan al equipo.

Mientras Jeremy estuvo en China, los medios noticiosos estatales tuvieron mucho cuidado de no hablar demasiado acerca de Taiwan o de mencionar su fe, que constituye un tópico tabú, ya que China es un estado ateo. Las búsquedas por Internet sobre la fe de Jeremy han sido bloqueadas en China. Va a resultar interesante ver cómo juega todo esto en el futuro.

Jeremy realizó una segunda visita a China algunos meses después, en septiembre, durante la huelga. Jugó unos pocos partidos para los Dongguan Leopards, equipo de la Asociación China de Basquetbol que compite en el Campeonato de Clubes ABA de Guangzhou, China. Jeremy fue reconocido como el Jugador Más Valioso, y otra vez se convirtió en noticia principal de los medios chinos.

Espero que las cosas no se pongan muy locas cuando Jeremy y su familia viajen al Lejano Oriente, si es que lo hacen, para visitar a su legión de nuevos seguidores.

Pero tengo la sensación de que sucederá.

Capítulo 9

LIN*SANITY* Y TEBOW*MANÍA*

¿Han notado que los dos atletas acerca de los que más se habla hoy son dos creyentes confesos llamados Jeremy y Tim?

Lo que me sorprende de la Lin*sanity* y de la Tebow*manía* es que Jeremy y Tim no hayan ocultado el hecho de que son seguidores de Cristo, y los medios, en su mayoría seculares, se sienten *atraídos* por ellos. Es como si sintieran la fragancia de Cristo saliendo por sus poros.

Columnistas, periodistas y expertos los han mensurado y han llegado a la conclusión de que Jeremy y Tim creen genuinamente y tienen una fe que los define y los lleva a enfocar la vida con un espíritu humilde. Han notado que los dos se rehúsan a «imponer» su fe predicándola o empleando tontos clichés (como: «El de arriba nos está buscando hoy»). En lugar de ello, ambos atletas hablan calmada y reflexivamente, sea Cristo parte explícita de la conversación o no.

A fines del año pasado, Tim fue despedazado por el conductor de televisión y comentarista político Bill Maher, quién profana y rudamente se burló de él (vía Twitter) luego de que tres lanzamientos del mariscal de campo de los Broncos terminaran en intercepciones durante la derrota frente a los Buffalo Bills. Sally Jenkins, del *Washington Post,* se apresuró a salir en defensa de Tim. «Cualquiera que

escucha hablar a Tebow sabe que lo de Jesús no es palabre-
ría para él; mayormente él es alguien que muestra y luego
dice», escribió ella. «Su idea de hacer proselitismo es man-
dar una breve cita de la Biblia por Twitter: Marcos 6:36. Y
dejar que uno la busque o no. Cuando se pone sobre una de
sus rodillas, resulta completamente obvio que se trata de
una expresión de humildad. Está atribuyéndole el mérito al
que percibe como su fuente, y diciéndose a sí mismo: *No te
olvides de dónde has salido.* En general, resulta más mode-
rado que la mayoría de esos jugadores que se sacuden en la
zona de anotación»[1].

Hay muchas similitudes más entre los dos jóvenes atletas, aunque practiquen diferentes deportes y provengan de
un medioambiente étnico distinto. Los dos están por debajo de los veinticinco años, y sus edades son similares (Tim
es un año mayor, y nació el 14 de agosto de 1987). Cada
uno ha jugado dos temporadas como profesional, y a ambos
los sacaron del banco recién cuando la temporada de sus
equipos estaba en llamas y la paciencia de sus seguidores se
había estirado al límite y estaba a punto de romperse. Cada
uno de los dos validó su carrera a través de iniciarse ganando: Tim llevó a los Broncos a una racha ganadora de seis
partidos, y la Lin*sanity* estalló a causa de que se ganaron
siete partidos al hilo.

Pensando en el lado espiritual de este registro, Jeremy
y Tim fueron criados por padres que eran cristianos desde
antes que ellos nacieran, y eso resulta notable. Significa que
fueron criados siguiendo «la instrucción del Señor» desde
su nacimiento, y bajo la guía de Proverbios 22:6, que recuerda a los padres: «Instruye al niño en el camino correcto, y
aun en su vejez no lo abandonará».

Jeremy decía que sus padres lo habían criado en un hogar cristiano y que le habían enseñado lo que significaba ser cristiano. «Pero lo que más aprecio de ellos es que no juzgan mi actuación en el básquet, ni se fijan cómo me va en términos de estadísticas», dijo en una entrevista con StudentSoul.org cuando estaba en Harvard. «Se aseguran de que yo tenga una actitud correcta, de que no les grite a mis compañeros de equipo ni a los árbitros y que siempre me mantenga controlado. Se aseguran de que yo tenga una actitud piadosa, y cuando no lo hago, me llaman aparte y me piden cuentas»[2].

Cuando fue entrevistado por el conductor de *NFL Today*, James Brown, Tim dijo que él había sido enseñado por sus padres dentro de una perspectiva similar. «Mi mamá y mi papá me predicaron lo siguiente desde que era un niñito: Solo porque tengas habilidad en el aspecto atlético y puedas practicar un deporte eso no te hace más especial que nadie. No significa que Dios te ame más que a cualquier otro. Lo que practicas es un deporte. Un juego. Al fin y al cabo, eso es todo lo que es: un juego. No te hace ni mejor ni peor que los demás. Así que por ganar un partido, no eres mejor. Por perder un partido, no eres peor. Creo que el tener esa mentalidad, realmente mantiene las cosas en perspectiva, de modo que uno pueda tratar de una manera igualitaria a los demás»[3].

Otro paralelo entre Jeremy y Tim es que ambos fueron criados en hogares en los que sus padres no tenían temor a disciplinar a sus niños cuando sentían que se habían pasado de la raya o mostraban una conducta desobediente voluntariamente. Comprendían la enseñanza de Proverbios 12:1, que dice: «El que ama la disciplina ama el conocimiento, pero el que la aborrece es un necio». Michael Chang dijo que cuando desobedecía a sus padres siendo un niño pequeñito, su papá le indicaba que se arrodillara en el piso y extendiera sus brazos hacia el frente. «Vas a mantener tus brazos estirados hasta que yo te indique lo contrario», decía el padre de Michael. La estrella del tenis señaló que siempre le parecía mucho el tiempo que pasaba hasta que le levantaban el castigo.

Aprender a disciplinarse les ayudó tanto a Jeremy como a Tim a establecer metas y alcanzarlas, les proporcionó una capacidad de recuperación como para volver a pararse sobre sus pies cuando la vida los volteaba, y les dio el valor de nunca darse por vencidos.

Jeremy y Tim muestran disciplina aun en la manera en que responden las preguntas de los medios. Son cuidadosos de no darles a sus oponentes nada que puedan usar en contra de ellos y de sus equipos (conocido como «material de pizarrón» que puede fijarse en algún lugar en los vestuarios). Si prestamos atención, notaremos que cada vez que se les pregunta lo que *ellos* han hecho para ganar el partido u orquestar un retorno, siempre desvían la atención para alejarla de ellos mismos. Utilizan la misma pregunta para mostrar apoyo a sus compañeros de equipo, al plantel de entrenadores, o a la oficina central.

De hecho, han demostrado tener una sabiduría que va más allá de su edad en la forma de manejar a los medios. Luego de conducir a los Knicks a su séptima victoria consecutiva en febrero, Jeremy reflexionó concienzudamente acerca de esta fase de su vida. «Quiero poder sentarme cuando haya acabado mi carrera y decir que lo di todo y que lo hice para la gloria de Dios», le dijo a Dan Duggan, del *Boston Herald*. «Cuando hablo de hacerlo para la gloria de Dios, hay muchas cosas que desearía realizar fuera de la cancha, en términos de lo que es la plataforma de un jugador de la NBA, para impactar al mundo. Agradezco tener esa plataforma, pero no quiero que la gente pierda de vista al equipo, porque sin el equipo yo no soy nada»[4].

¿Entienden de qué estoy hablando? Jeremy tiene razón acerca del asunto de la plataforma también, porque practicar uno de los deportes más importantes en un escenario nacional se presta a todo tipo de oportunidades.

Consideremos, por ejemplo, lo que Tim ha hecho con su plataforma. La última temporada, invitó a jóvenes que tenían serios problemas médicos a reunirse con él al costado del campo de juego antes *y* después de cada partido de los Broncos, tanto si jugaban de locales como si eran visitantes. Partía el corazón ver a esos adolescentes con enfermedades que amenazaban sus vidas, o desfigurados físicamente por causa de alguna dolencia, iluminarse cuando Tim Tebow (¡*Tim Tebow*!) entraba en sus vidas para decirles que Dios los amaba y que él oraría por ellos.

Aquellos que tuvieron la oportunidad de encontrarse con Tim formaban parte del programa «Wish 15» de la Fundación Tebow (15 es el número de la camiseta de Tim) que les concede deseos a los niños y jóvenes que enfrentan serios problemas de salud. La fundación de Tim proporciona una plataforma que les lleva fe, esperanza y amor a aquellos que las necesitan y que ha resultado en la construcción de un hospital en las Filipinas, país en el que Tim nació, de padres misioneros.

No se puede ser demasiado crítico con ningún atleta que devuelve el afecto de la comunidad y se acerca a las familias. Quizas Jeremy pueda comenzar algún tipo de fundación una vez que tome un poco de aliento, pero tendremos que esperar y ver.

Llegar a conocerse

No le llevó mucho tiempo a los medios encontrar al hombre que está detrás de la Tebow*manía* y conocer lo que él pensaba acerca del jugador de básquet de Nueva York. Los periodistas se pusieron junto a Tim sobre la alfombra roja del Hall of Game Awards, de Cartoon Network. (No se rían de la alfombra roja. Shaquille O'Neal, el futbolista David Beckham, y todo un grupo de atletas profesionales de distintas disciplinas deportivas estaban en Santa Mónica, California, para ese evento repleto de estrellas).

«Realmente me gusta», dijo Tim. «Lo respeto muchísimo. He tenido el placer de llegar a saber de él en estas últimas semanas. ¡Qué gran tipo es! Le deseo la mejor de las suertes. Creo que la manera en que se maneja y conduce constituye un excelente modelo con respecto al rol que desempeña. Y estoy orgulloso de él».

Agregó que no había conocido a Jeremy personalmente. Cuando se le preguntó qué consejo le daría sobre la manera de manejar ese repentino estallido de popularidad, Tim respondió: «Pienso que se está manejando de un modo excelente, y creo que se puede cuidar solo. Únicamente le diría que siga siendo honesto consigo mismo, que continúe trabajando duro, y que no escuche lo que diga cualquiera»[5].

No se sorprendan de que vaya a haber una reunión cumbre (me estoy divirtiendo aquí) entre Jeremy y Tim en un futuro no muy distante. Pero ellos ya se han «puesto en contacto» según un grandilocuente informe publicado por ese árbitro de la cultura popular que es la revista *People*.

«Son dos de los más grandes nombres del deporte en los Estados Unidos, ¡y ahora se han hecho amigos!», declara la frase del encabezado del artículo de *People*. Adrian Tam, la persona que mencioné anteriormente como mentor espiritual de Jeremy en la Confraternidad Cristiana Asiático-Americana de Harvard, fue el que lo dio a conocer: «Han hablado por teléfono», dijo Tam. «Jeremy ha sido un admirador de Tebow desde hace un tiempo, pero solo recientemente se han podido contactar. El comentario que me hizo fue que Tim en verdad es un gran tipo y que se siente muy inspirado por él»[6].

Esperemos que tengan la oportunidad de estar juntos pronto. Me encantaría ver a Tim mostrándole a Jeremy su trabajo en los orfanatos de las Filipinas (lo que atraería la atención de los medios mundialmente), o ver a Jeremy presentar a Tim en China y Taiwan, donde cientos de millones de chinos descubrirían de una manera sutil lo que en verdad es importante en la vida de esos dos muchachos.

Así que hay similitudes entre los dos, pero ¿cuál es la mayor diferencia que existe entre Jeremy y Tim? Creo que el hecho de que Tim haya jugado sobre el campo de la fama por mucho más tiempo que Jeremy. Tim Tebow fue el personaje central de un documental de ESPN, de una hora de duración, titulado *The Chosen One* [El elegido] cuando aún estaba en la escuela secundaria. Todo fanático del fútbol sabe que Tim lideró y condujo a los Florida Gators a dos campeonatos nacionales y ganó el Trofeo Heisman, así que la Tebow*manía* ha estado en labios de todos los fanáticos de los deportes durante la mayor parte de los últimos seis años. Tim tiene mucha más experiencia en esta cuestión de la popularidad.

Y Dios preparó a Jeremy, de forma lenta pero segura, para la Lin*sanity*. Durante el último año en Harvard, cuando dio vuelta un programa moribundo y lo transformó en un proyecto ganador, con un récord de 21-8, los periodistas de las cercanías de Boston y Nueva York se acercaron a Cambridge para escribir sobre un jugador universitario asiático-americano que estaba llevando adelante un muy buen juego. Jeremy apareció en *Sports Illustrated*, *Time*, y

El correo electrónico que me gustaría escribir algún día

Para: bigshotproducer@hollywoodstudio.com
De: mike@mikeyorkey.com
Asunto: La lucha de Jeremy Lin

Hollywood tiene una larga tradición en cuanto a producir películas deportivas que nos hagan sentir bien sobre atletas que se han sobrepuesto al rechazo, piloteado una victoria inesperada que vienen remontando desde atrás, o que han triunfado al armar un equipo, ganar un campeonato, o recorrer todo el camino en contra de todo pronóstico. Pienso en películas como Rudy, Invincible, The Blind Side, y Rocky I, II, III, IV y V. Por supuesto que están hechas en base a una fórmula, pero el sobreponerse a las dificultades, la adversidad y los grandes quiebres de la vida constituyen el punto argumental de cualquiera de ellas.

¿Podemos almorzar juntos la próxima semana?

Quizá mi idea no sea tan disparatada. A Steve Tisch, el copropietario de los New York Giants y productor del film Forrest Gump, le preguntaron si la historia de Jeremy Lin no se podía trasladar a una película.

«Hay posibilidad», respondió Tisch. «¿Podrían Will Smith o Tom Cruise interpretar su personaje?»[7].

docenas de otras publicaciones periódicas y otros medios de difusión online.

La rueda publicitaria giró diez veces más rápido cuando logró entrar al equipo de los Golden State Warriors y se convirtió en el primer asiático americano de la NBA. Cuando hablé con él, le pregunté, al pasar, cuántas veces había sido entrevistado (es decir, en cuántas ocasiones se había sentado para un reportaje, o había mantenido conversaciones telefónicas con los periodistas).

«No tengo ni idea. Probablemente haya pasado por más de cien entrevistas», me respondió.

«¿Cuál es la pregunta más frecuente?», le pregunté.

«Hablan sobre mi historia. Sobre cómo es ser un asiático-americano dentro de la NBA, o cómo es haber sido un estudiante de Harvard dentro de la NBA, y cosas en esa línea».

¡Pobre muchacho!... pero es una gran historia.

Capítulo 10

UN PEDIDO DE ORACIÓN DE JEREMY Y A FAVOR DE JEREMY

Cada noche que los New York Knicks juegan como locales, se realiza un miniservicio de la iglesia en favor de los jugadores, dirigido por el reverendo John Love, que conduce cerca de 320 km desde Baltimore, donde es pastor de jóvenes de la iglesia Greater Grace World Outreach desde 1983. El pastor Love ha servido con fidelidad (y viajado aproximadamente 660.000 km, según mis cálculos) como capellán de los Knicks por veinticinco años.

El pastor Love mantiene un perfil bajo, lo que se puede decir también de todo el cuerpo de capellanes de la NBA. Muchos fanáticos del basquetbol no tienen conocimiento de que se lleva a cabo un servicio eclesial una hora antes de cada partido de la NBA, tanto en la temporada regular como para los partidos de desempate. Se les da la bienvenida al servicio a los jugadores de *ambos* equipos.

Esta invitación abierta hace que el basquetbol profesional difiera de los otros deportes importantes, donde los jugadores de los equipos contrincantes asisten a servicios separados. Los jugadores de la Liga Nacional de Fútbol Americano pueden tomar parte en esos servicios (solo por el de su equipo) la noche anterior a los partidos. (Todos los equipos de la liga nacional se quedan en un hotel determinado la noche anterior a un partido, sean locales o visitantes). Los servicios de capellanía de la Liga Mayor de Béisbol se llevan a cabo en los vestuarios de cada equipo los domingos por la mañana. Ídem para los jugadores de la Liga Nacional de Hockey.

Es diferente para la Asociación Nacional de Basquetbol. Una hora antes del inicio, los jugadores de cada equipo son invitados a un salón vacío, cercano a los vestuarios de los locales y de los visitantes. Puede llevarse a cabo en algún vestuario extra, o aun en los vestidores que usan para caracterizarse las mascotas. La asistencia es voluntaria. El capellán del equipo local saluda a los jugadores, y tal vez se cante alguna canción a capela.

Entonces el capellán habla por diez o quince minutos, lee las Escrituras y enseña de la Biblia. Los tópicos van desde cómo enfrentar los desafíos que nos presenta la vida, a una reiteración del mensaje del evangelio, pero la meta básica es capacitar a los jugadores para que lleven vidas que glorifiquen a Dios, y alentarlos a mantenerse firmes ante la tentación.

Al final, los jugadores a veces comparten pedidos de oración, o tal vez tengan alguna pregunta sobre el mensaje del capellán. Los debates deben ser breves. Sea cual fuere el enfoque que el capellán elija, el miniservicio debe terminar pronto, dentro de los quince o veinte minutos estipulados, dado que se espera que los jugadores estén en la cancha cuanto antes para iniciar el precalentamiento antes del partido.

Luego de que los jugadores realizan el calentamiento previo y practican algunos lanzamientos, se acercan al círculo del medio de la cancha para dar inicio al juego. Se intercambian choques de puños y palmadas. Una vez que el árbitro arroja el balón al aire, los jugadores de ambos equipos (algunos de los cuales estuvieron sentados en la misma sala para oír acerca del amor de Dios hace menos de una hora antes) tratan de derrotar al otro equipo, lo que es una de las cosas lindas de la competición.

Los jugadores de ambos bandos, en líneas generales, no tienen ningún problema en encontrarse todos juntos antes del tiempo del partido. Comprenden que el ser contrincantes no tiene importancia durante el tiempo del servicio, porque ese es un tiempo reservado para Dios.

«Aunque esos muchachos estén compitiendo, ellos se dan cuenta de que solo hay cuatrocientos jugadores profesionales de básquet en la NBA», señaló Jeff Ryan, capellán de los Orlando Magic. «El jugar es un privilegio, y no un derecho de nacimiento. Se esforzaron mucho para entrar en ese estadio. Saben que se les paga para que se desempeñen bien, y van a jugar fuerte».

Cuando entrevisté a Jeremy, tuvimos este diálogo acerca de los servicios eclesiales de la NBA:

Mike: «Los jugadores de ambos equipos van a los servicios religiosos una hora antes del partido. ¿Eso era algo que ustedes hacían o intentaban hacer?».

Jeremy: «Sí, algunos de nosotros hemos ido antes de cada partido. Eso fue muy bueno».

Mike: «Me intriga saber por qué el básquet es el único deporte mayor en el que los jugadores de ambos equipos se encuentran juntos en el servicio de capellanía y luego, cuarenta y cinco minutos más tarde, intentan derrotarse unos a otros y volarse la tapa de los sesos».

Jeremy: «Sí, en realidad me sorprendió bastante, pero es realmente bueno ver creyentes de otros equipos. Lo disfruté mucho».

Mike: «¿Había más creyentes de lo que pensabas en el otro equipo? ¿O tal vez eran menos de los que creías?».

Jeremy: «Más, decididamente más. Creo que, como usted sabe, lo que escuché acerca de la NBA fue que tuviera cuidado, fueron advertencias sobre esto o aquello, pero en realidad una buena cantidad de los jugadores de la NBA vinieron [a los servicios]. Pienso que a los jugadores de la NBA se los agrupa como un todo en una gran categoría, en un gran estereotipo. Durante mi primer año en la liga rompí un montón de esos estereotipos.

»Me di cuenta de que en la NBA hay muchos cristianos. Aunque depende. Una gran cantidad de gente, solo se llama cristiana... Pero había mucha gente, más de la que yo pensaba que iría al servicio».

Mike: «En general, ¿serían dos o tres jugadores de cada equipo? ¿O cuatro o cinco?».

Jeremy: «Yo diría que probablemente dos por equipo. A veces, como en el caso del Thunder [de la ciudad de Oklahoma] serían diez los jugadores».

Mike: «Hay un montón de cristianos en el Thunder, ¿no?».

Jeremy: «Sí, por lo menos un montón de muchachos que asisten al servicio. No estoy seguro con respecto a sus vidas individuales, pero hay unos cuantos».

El viernes 27 de enero de 2012, una semana antes del lanzamiento del cohete de la Lin*sanity*, Jeremy fue por el pasillo desde su vestuario en el Miami's American Airlines Arena para participar del servicio previo al partido. El contrincante de los Knicks esa noche era el Heat, liderado por LeBron James. Apenas un puñado de jugadores de los dos equipos se le unieron, incluyendo a Udonis Haslem, uno de los delanteros del Miami Heat, y asistente regular a esas asambleas de veinte minutos.

Luego que el capellán compartió su devocional, amablemente preguntó si alguno tenía un pedido de oración.

Jeremy levantó su mano.

«Que no me vuelvan a sacar del equipo», respondió[1].

Sí, su carrera como jugador de la NBA era así de endeble. Jeremy no jugaba mucho, y su oportunidad para brillar ante los New Jersey Nets todavía estaba en el futuro.

Jeremy confirmó esta historia en una conferencia de prensa en la víspera del partido All-Star del 2012, en Orlando. «Sí, fui al servicio de capellanía con Jerome Jordan y Landry Fields [compañeros de los Knicks], y el capellán nos pidió que presentáramos nuestros pedidos de oración. Yo sabía que el 10 de febrero estaba ahí nomás, así que eso era lo que había en mi corazón, solo que me fuera posible continuar dentro de los contratados y pudiera estar con el equipo por el resto del año»[2].

Parece que Dios respondió esa oración de una manera poderosa, y la NBA también debería alegrarse. Después que todo se haya dicho y hecho, quizá a Jeremy se le conceda el mérito de salvar la temporada 2011-12 de la NBA.

Cuando récordamos los días más oscuros de la huelga del último noviembre, momento en que la temporada de la NBA ya debería haber estado en marcha, notamos que la reacción colectiva del público norteamericano fue esta: *¿A quién le importa la NBA? Nadie le presta atención hasta que comienza la ronda clasificatoria.*

Entonces apareció Jeremy. Él hizo que nos preocupáramos otra vez por el básquet profesional. Los partidos regulares de la temporada se volvieron relevantes. No importaba cuál fuera nuestra fidelidad al equipo, estábamos con él. Queríamos que tuviera éxito porque entendíamos lo difíciles que son las demandas al jugar básquet profesional. Queríamos que le fuera bien porque podíamos ver la forma generosa en que él jugaba el partido: con rectitud y sin pretensiones. Lo veíamos en la manera en que él respondía con gracia y humildad a los micrófonos que le ponían en la cara. Él provenía de un lugar desestructurado, donde no había agendas.

La ronda clasificatoria comenzó cuando la Lin*spiración* estallaba en las calles, así que nadie sabía cómo terminaría esta historia de Cenicienta, ni si el carruaje se convertiría finalmente en una calabaza. Tal vez los Knicks arañaran el camino hacia la clasificación, o quizá se quedaran cortos.

Sin importar lo que sucediera, la historia de Jeremy Lin es una historia para la eternidad, una narrativa que nos hace sentir bien, y que está en sintonía con los fanáticos del básquet, y aun con aquellos que no le prestan demasiada atención a este deporte. Lo que Jeremy había hecho en un corto período de tiempo penetra todavía más profundo que el hecho de que sea el primer asiático-americano de la NBA. En verdad resulta incomprensible que un candidato no contratado (que ha jugado tan pocos minutos en la NBA) pueda salir rugiendo del banco y dar vuelta a una franquicia histórica en la ciudad de Nueva York, que es la meca de los medios.

Historias como la de Jeremy no se espera que sucedan, pero cuando suceden, nos ponemos de pie para alentar al desfavorecido al que le han dicho que no era suficientemente bueno.

Practicar la regla de oro

Hemos visto atletas (nuestros héroes deportivos) que nos han decepcionado, pero yo no creo que el éxito vaya a arruinar a Jeremy. Pienso que Dios lo ha estado preparando para este momento. Él nunca se achicó en cuanto a su ambición, nunca retrocedió ante la confrontación, nunca se escapó para no rendir cuentas. Jeremy puso su juego y su persona a un costado, y si alguien lo derrotaba, él reconocía que tú fuiste mejor ese día. Pero si él te derrotaba, te daba un apretón de manos y no se regodeaba con el triunfo. Esa es la Regla de Oro en acción: *Trata a los demás como te gustaría ser tratado.*

Él aprendió estas lecciones de sus padres a una tierna edad, y también de su pastor, Stephen Chen. Me encontré con el pastor de la Iglesia Cristiana en Cristo después de varias semanas de Lin*sanity*, y la vida de Stephen, y hasta la de su iglesia, habían cambiado también.

Aun *antes* de la Lin*sanity*, las cosas se habían ido un poco de las manos. Tantos «turistas de iglesias» se aparecieron el último verano y durante la huelga de la NBA, que Jeremy se sintió perseguido por los cazadores de autógrafos y por aquellos que querían sacarse una foto con él. Las cosas llegaron a un punto tal que el pastor Chen tuvo que hacer una declaración desde el púlpito, informando a todos los asistentes que Jeremy no iba a firmar autógrafos ni a sacarse fotografías con nadie, y que «por favor, no lo molestaran».

Si estás leyendo esto y sucede que estás en el Área de la Bahía de San Francisco fuera de la temporada de la NBA, por favor deja tranquilo a Jeremy los domingos por la mañana. Está tratando de adorar a Dios con su familia y amigos. Una atmósfera frenética no honra a Dios y se convierte en una experiencia incómoda para todos.

Como todos los demás, el pastor Chen no había previsto la Lin*sanity*. «No sé si alguien pudo haberla visto venir; Jeremy se volvió en esencia un ícono global de la noche a la mañana», dijo él.

Los medios de Nueva York encontraron rápidamente la pista del pastor. Querían saber qué rol tenía la fe de Jeremy en su juego y de qué manera esta lo había ayudado a atravesar los tiempos difíciles de su carrera. Stephen percibió en esa pregunta como si el periodista estuviera buscando, en todo esto, algún patrón del tipo del «evangelio de la prosperidad»; o sea, que si uno ora lo suficiente y cree lo suficiente, entonces Dios lo bendecirá y le mostrará su favor.

El pastor Chen le explicó pacientemente que las cosas no funcionan de esa manera. Señaló que la meta de Jeremy era obediencia y verdadera adoración, como lo enseñó Jesús. Dijo que Jeremy reconoce que todo ha sucedido por la gracia de Dios y por alguna razón, y que su éxito no es algo que él había logrado solamente por su propia habilidad y fuerza de voluntad.

Otra línea de preguntas de los medios se enfocó en cómo encontraba Jeremy la fortaleza para decirle que no a las tentaciones que la fama, la riqueza y el poder ciertamente le arrojarían encima. El pastor Chen respondió que todos los cristianos son tentados, pero que Jeremy está enfrentando algunas específicamente relacionadas con su éxito.

«Las Escrituras dicen que el diablo anda "como león rugiente, buscando a quién devorar», dijo. «Los cristianos serían tontos si subestimaran al diablo. Por eso nuestra iglesia ora por Jeremy. Pedimos que él trabaje con entusiasmo, como para el Señor, y que continúe confiando en Dios, predicando el evangelio y mirando a Cristo en todas las situaciones».

Jeremy y Stephen han continuado hablando regularmente por teléfono, así como también mandándose mensajes de texto y e-mails el uno al otro. Stephen le recuerda que debe mantener sus ojos en Jesús y prestar atención a cualquier trampa o tentación. El pastor Chen le dice eso porque el frenesí de la loca y condensada temporada de la NBA, unido al escenario que Jeremy crearía en el área de Nueva York si se mostrara en lugares públicos como una casa de adoración, pueden sacarlo de foco. La Iglesia China en Cristo continuará siendo su iglesia.

Entonces tuvimos este diálogo en nuestra entrevista:

Mike: «¿Te das cuenta, Stephen que tienes un rol muy importante que jugar aquí? Dios te tiene en un lugar muy especial en este momento, ministrando a Jeremy. Imagino que eso te pesa un poco sobre el corazón».

Pastor Chen: «Sí, es así. Resulta difícil porque él es miembro de nuestra iglesia, y sin embargo está a miles de kilómetros. Resulta complicado ministrarle a alguien que se encuentra tan lejos. Por mucho que él intente ir a la iglesia y lo desee, en realidad no es posible porque su programa es muy demandante este año. De veras cuesta construir una comunidad. Nosotros somos una especie de ancla para él, imagino».

¡Yo diría que es un ancla muy buena!

Pensamiento final

¿Y qué es lo que Jeremy Lin ha forjado? ¿Qué le deparará el futuro?

Nadie sabe cuáles son las respuestas, y sin embargo, esa es la belleza del deporte y la incertidumbre de la vida. Nunca sabemos lo que va a suceder.

Mientras Lin*spirado* va a la imprenta, la historia de Jeremy Lin continúa fascinando a cientos de millones de personas en todo el mundo. A la gente en verdad *le gusta él*. Entienden que las historias como esta suceden muy de vez en cuando. Ellos reconocen que Jeremy es un joven con una habilidad de liderazgo poco común y extraordinarios dones atléticos.

Todo ha ocurrido con demasiada rapidez, llegando a la ajetreada intersección en la que el deporte, la religión, la fama y la cultura popular se encuentran.

Oren por protección para Jeremy Lin, mientras él mira a ambos lados de la calle antes de cruzarla.

Y oren para que él continúe tomado de la mano del Señor.

SOBRE EL AUTOR

Mike Yorkey, autor o coautor de más de setenta libros, ha escrito sobre deportes toda su vida para toda una variedad de publicaciones nacionales y editoriales deportivas. Ha colaborado con el mariscal de campo Colt McCoy y con su padre, Brad, en el libro *Growing Up Colt*; con el pitcher de los San Francisco Giants Dave Dravecky (*Called Up* y *Play Ball*), con las estrellas del tenis Michael Chang (*Holding Serve*) y Betsy McCormack (*In His Court*), y con el pateador Rolf Benirschke de los San Diego Chargers (*Alive & Kicking*).

Su libro más reciente sobre deportes es *Playing with Purpose: Inside the Lives and Faith of the Major League's Top Players* (con Jesse Florea y Joshua Cooley), que salió a comienzos de la temporada de béisbol de 2012. También es autor de *Playing with Purpose: Inside the Lives and Faith of the NFL's Top New Quarterbacks—Sam Bradford, Colt McCoy, y Tim Tebow*, en 2010.

Yorkey, que se graduó en la Escuela de Periodismo de la Universidad de Oregón, es ex editor de la revista *Focus on the Family*, y también ha escrito para revistas deportivas tales como *Skiing, Tennis,* y *Breakaway*. También es novelista, y su última obra de ficción es *Chasing Mona Lisa*, una obra de suspenso emplazada en la Segunda Guerra Mundial y con la coautoría de Tricia Goyer.

Él y su esposa, Nicole, son padres de dos hijos adultos, Andrea y Patrick. Mike y Nicole tienen su hogar en Encinitas, California, y su sitio Web es www.mikeyorkey.com.

NOTAS

Capítulo 2

1. Sean Gregory, artículo «Harvard's Hoops Star Is Asian. Why's That a Problem?», *Time*, 31 de diciembre de 2009, www.time.com/time/magazine/article/0,9171,1953708,00.html (visitado el 1 de marzo de 2012).
2. Tim Keown, «Jeremy Lin's HS Coach Is Surprised, Too», espn.com, 14 de febrero de 2012, http://espn.go.com/espn/commentary/story/_/id/7574452/jeremy-lin-high-school-coach-surprised-too (visitado el 1 de marzo de 2012).
3. Chuck Culpepper, «An All-Around Talent, Obscured by His Pedigree», artículo aparecido en el *New York Times* el 14 de septiembre de 2010, www.nytimes.com/2010/09/15/sports/basketball/15nba.html (visitado el 1 de marzo de 2012).
4. Myrna Blyth, artículo «Jeremy Lin Has a Tiger Mom» [Jeremy Lin tiene una mamá tigresa], thirdage.com, 17 de febrero de 2012, www.thirdage.com/celebrities/jeremy-lin-tiger-mother (visitado el 1 de marzo de 2012).

Capítulo 3

1. Chris Dortch, «Harvard Was Perfect Place for Lin to Hone Guard Skills», nba.com, 17 de febrero de 2012, www.nba.com/2012/news/features/chris_dortch/02/17/lin-college-break (visitado el 1 de marzo de 2012).
2. Ver el artículo de Gordon Govier «NBA Rising Star Jeremy Lin Not Too Busy to Pray», *Charisma News*, 15 de febrero de 2012, http://charismanews.com/culture/32833-nba-rising-star-jeremy-lin-not-too-busy-to-pray (visitado el 1 de marzo de 2012).
3. «Jeremy Lin: Taking Harvard Basketball to New Levels», StudentSoul.org, 12 de marzo de 2010, www.intervarsity.org/studentsoul/item/jeremy-lin?eref=FromFacebookShare (visitado el 1 de marzo de 2012).

4. Ibid.
5. «Jeremy Lin: The New Steve Nash, Making Asian-American History Tonight in Santa Clara, of All Places», goldenstateofmind.com, 4 de enero de 2010, www.goldenstateofmind.com/2010/1/4/1232730/jeremy-lin-the-new-steve-nash (visitado el 1 de marzo de 2012).
6. Pablo S. Torre, «Harvard School of Basketball», *Sports Illustrated*, 1 de febredo de 2010, http://si.com/vault/article/magazine/MAG1165302/index.htm (visitado el 1 de marzo de 2012).

Capítulo 4

1. Ed Welland, «NBA Draft Preview 2010: Jeremy Lin, G Harvard», hoopsanalyst.com, http://goo.gl/fGJwv (visitado el 1 de marzo de 2012).
2. Tim Kawakami, «Lacob Intervierw: Part 3», 17 de agosto de 2010, http://blogs.mercurynews.com/kawakami/2010/08/17/lacob-interview-part-3-on-jeremy-lin-ellison-larry-riley-bold-moves-and-poker (visitado el 1 de marzo de 2012).
3. Samantha Gilman, «Sustaining Faith», *World*, 16 de febrero de 2012, www.worldmag.com/webextra/19193 (visitado el 1 de marzo de 2012).
4. Citado por Gilman en «Sustaining Faith».
5. Ibid.
6. Dan Duggan, artículo «Jeremy Lin's Teammates Are Enjoying 'Linsanity' as Much as Anyone», *Boston Herald*, 17 de febrero de 2012, www.bostonherald.com/blogs/sports/oncampus/?p=415 (visitado el 1 de marzo de 2012).

Capítulo 5

1. Tim Keown, «Jeremy Lin's HS Coach Es Surprised, Too», espn.com, 14 de febrero de 2012, http://espn.go.com/espn/commentary/story/_/id/7574452/jeremy-lin-high-school-coach-surprised-too (visitado el 1 de marzo de 2012).
2. Daniel Brown, artículo «Bay Area Trainers Helped Make Knicks Guard Jeremy Lin Better, Stronger, Faster», *Silicon Valley Mercury News*, 23 de febrero de 2012, www.mercurynews.com/top-stories/ci_20033514, (visitado el 1 de marzo de 2012).

3. Marcus Thompson II, artículo «Jeremy Lin's Story Has Been a Story of Faith». *Contra Costa Times*, 13 de febrero de 2012, www.ibabuzz.com/warriors/2012/02/13/jeremy-lins-journey-has-been-a-story-of-faith/ (visitado el 1 de marzo de 2012).

4. Michael Moraitis, «New York Knicks: Jeremy Lin isn't the Only Right Move GM Glen Grunwald Has Made», bleacherreport. com, 22 de febrero de 2012, http://goo.gl/zlFtU (visitado el 1 de marzo de 2012).

5. Sean Brennan, «Knicks Claim Harvard Grad Off Waivers», artículo del *New York Daily News*, 27 de diciembre de 2011, http://goo.gl/lGhQm (visitado el 1 de marzo de 2012).

6. Erik Qualman, «Jeremy Lin: Lin-Sanity Hits Twitter @ JLin 7», socialnomics.com, 15 de febrero de 2012), www.socialnomics. net/2012/02/15/jeremy-lin-lin-sanity-hits-twitter-jlin7/ (visitado el 1 de marzo de 2012).

7. La pintura de Greg Olsen se titula *Perdido y encontrado*. En la descripción, Olsen escribió: «Muchos de nosotros probablemente nos hemos preguntado... "¿Y qué de mí?" ¿Qué de aquellos de nosotros que podemos haber luchado y perdido nuestro camino, o que hemos vagado por senderos que nos dejaron desgastados y dudando de nuestra valía? Afortunadamente, el amor de Cristo no tiene condiciones y se extiende en una medida completa, en especial a aquellos que se siente perdidos y olvidados».

8. Ver el artículo de Jeff Zillgitt «Jeremy Lin, Humbled, Humorous during All-Star Weekend», *USA Today*, 25 de febrero de 2012, www.usatoday.com/sports/basketball/nba/knicks/story/2012-02-25/jeremy-lin-all-star-weekend/53244342/1 (visitado el 1 de marzo de 2012).

9. Citado en el artículo de Thompson «Jeremy Lin's Story has been a Story of Faith».

Capítulo 6

1. Frank Isola, artículo «Lin, Knicks Scale Wall's Wizards in Washington», *New York Daily News*, 8 de febrero de 2012, http://goo.gl/FGH8o (visitado el 1 de marzo de 2012).

2. Howard Beck, artículo «Lin Leads Again as Knicks Win 3rd. in a Row», *New York Times*, 8 de febrero de 2012, http://goo.gl/9eD91 (visitado el 1 de marzo de 2012).

3. Tim Stelloh y Noah Rosenberg, nota «From the Pulpit and in the Pew, the Knicks' Lin Is a Welcome Inspiration», *New York Times*, 12 de febrero de 2012, http://goo.gl/DHLnw (visitado el 1 de marzo de 2012).

4. Kevin Armstron, artículo «Jeremy Lin: The True Hollywood Story of the Knick Sensation Who's Taken over New York en Less Than a Week», *New York Daily News*, 11 de febrero de 2012, http://articles.nydailynews.com/2012-02-11/news/31051048_1_jeremy-lin-knicks-landry-fields (visitado el 1 de marzo de 2012).

5. Ver el programa de Austin Knoblauch «*Saturday Night Live* Weighs in on Jeremy Lin Story», scketch satírico emitido el 18 de febrero de 2012, www.latimes.com/sports/sportsnow/la-sp-sn-snl-jeremy-lin-20120220,0,3318283,story (visitado el 1 de marzo de 2012).

6. «Jeremy Lin's Religious Pregame Ritual», thestar.com, 13 de febrero de 2012, http://goo.gl/CeKvW (visitado el 1 de marzo de 2012).

7. David Nakamura, «President Obama Catches Jeremy Lin Fever After Watching "Lindsanity" Highlights», *Washington Post*, 15 de febrero de 2012), http://goo.gl/nIioG (visitado el 1 de marzo de 2012).

8. William Wong, «Linsanity 3: Will Fame Ruin Jeremy Lin?» sfgate.com, 17 de febrero de 2012, http://goo.gl/XPhiH (visitado el 1 de marzo de 2012).

9. James Brown: Armen Keteyian, «Jeremy Lin: New York Knicks'Cinderella Story», CBS.com, 15 de febrero de 2012, http://goo.gl/hFFL5 (visitado el 1 de marzo de 2012).

David Brooks: David Brooks, «The Jeremy Lin Problem», *New York Times*, 16 de febrero de 2012, http://goo.gl/S0XYZ (visitado el 1 de marzo de 2012).

Christine Folch: Tim Stelloh and Noah Rosenberg, «From the Pulpit and in the Pew, the Knicks' Lin Is a Welcome Inspiration», *New York Times*, 12 de febrero de 2012, http://goo.gl/DHLnw (visitado el 1 de marzo de 2012).

Earvin «Magic» Johnson: declaración durante el show del entretiempo en el partido entre los Knicks y los Mavericks en ABC, 19 de febrero de 2012.

Bill Plaschke: *Los Angeles Times*, sección de deportes, 21 de febrero de 2012, página C1.

Bryan Harvey: Margo Adler, «Knicks Star Jeremy Lin Captures Big Apple's Heart», npr.com, 16 de febrero de 2012, www.npr.org/2012/02/16/146958259/knicks-star-jeremy-lin-captures-big-apples-heart (visitado el 1 de marzo de 2012).

Stephen Curry: Rusty Simmons, «Mark Jackson Recalls Departure of Jeremy Lin», sfgate.com, 13 de febrero de 2012, www.sfgate.com/cgi-bin/article.cgi?f=/c/a/2012/02/12/SPH01N6MPK.DTL (visitado el 1 de marzo de 2012).

Capítulo 7

1. Jeff Zillgitt, «Jeremy Lin Scores 26, but Hornets Snap Knicks' Win Streak,» USA Today (February 16, 2012), http://goo.gl/GWvum (accessed March 1, 2012).
2. Amy Shipley, artículo «Jeremy Lin Fails to Lift Knicks Over LeBron's Miami Heat», *Washington Post*, 24 de febrero de 2012), http://goo.gl/9tJai (visitado el 1 de marzo de 2012).

Capítulo 8

1. Irv Soonachan, artículo «Point of Attention: Rookie Jeremy Lin Has Proven He Can Play in the NBA», slamonline.com, 5 de abril de 2001, www.slamonline.com/online/nba/2011/04/point-of-attention/ (visitado el 1 de marzo de 2012).

Capítulo 9

1. Sally Jenkins, artículo «Bill Maher and Tim Tebow: Why Are So Many Offended by the Quarterback's Faith?», *Washington Post*, 30 de diciembre de 2011, http://goo.gl/5ioHE (visitado el 1 de marzo de 2012).
2. «Jeremy Lin: Taking Harvard Basketball to New Levels», StudentSoul.org, 12 de marzo de 2010, www.intervarsity.org/studentsoul/item/jeremy-lin?eref=FromFacebookShare (visitado el 1 de marzo de 2012).
3. «Tim Tebow: God Doesn't Love Athletes More», CBS News, 13 de enero de 2012, http://goo.gl/LL8ET (visitado el 1 de marzo de 2012).

4. Dan Duggan, artículo «Always Believe-Lin», *Boston Herald*, 17 de febrero de 2012, http://goo.gl/4Bqb4 (visitado el 1 de marzo de 2012).

5. Jill Baughman, «Jeremy Lin + Tim Tebow = Cutest Sports Bromance Ever», Cafemom.com, http://thestir.cafemom.com/ sports/133481/jeremy_lin_tim_tebow_cutest (visitado el 1 de marzo de 2012).

6. Kristen Mascia, artículo «Tim Tebow and Jeremy Lin Connect over Faith», *People*, 23 de febrero de 2012), www.people.com/ people/article/0,,20572929.html (visitado el 1 de marzo de 2012).

7. Kevin Armstrong, «Jeremy Lin: The True Hollywood Story of the Knick Sensation Who's Taken Over New York in Less Than a Week,» New York Daily News (February 11, 2012), http:// articles.nydailynews.com/2012-02-11/news/31051048_1_jeremy-lin-knicks-landry-fields (accessed March 1, 2012).

Capítulo 10

1. Mike Vaccaro, artículo «Lin Had Prayer Answered after First Knicks-Heat Matchup», *New York Post*, 23 de febrero de 2012, http://goo.gl/63kzt (visitado el 1 de marzo de 2012).

2. Jared Zwerling, «NBA Holds Press Conference Just for Lin», espn.com, 24 de febrero de 2012, http://goo.gl/TNNXY (visitado el 1 de marzo de 2012).

Nos agradaría recibir noticias suyas.
Por favor, envíe sus comentarios sobre este libro
a la dirección que aparece a continuación.
Muchas gracias.

Vida@zondervan.com
www.editorialvida.com